図説　ヨーロッパ歳時記——ドイツの年中行事

図説｜

ヨーロッパ歳時記

ドイツの年中行事

福嶋正純・福居和彦
FUKUSHIMA Masazumi & FUKUI Kazuhiko

八坂書房

図説―ヨーロッパ歳時記

目次

はじめに 11

初春［二―三月］……15

マリア聖燭節 17
ロウソクの祝別／亜麻紡ぎ／占い

聖ペテロ祭 21
柱叩き／春の呼び起こし／ビーケン（火祭）／占い

聖ゲルトルート祭 24
春の便り、夏の花嫁／ネズミと聖女

聖ヨゼフ祭 27
ジャラジャラ鳴らし

マリアへのお告げ 29
燕帰る

聖ゲオルク祭 31
ゲオルクの枝／春の訪れ

ファスナハト（カルネヴァル／謝肉祭）／懺悔火曜日 33
太った火曜日／稗祭／冬と夏の争い／荒くれ男／ワラ熊／ハンス小僧
ファスナハトの魔女／卵とソーセージ／剣舞／屠殺業者の「卒業式」

四旬節 48
灰の水曜日 48
灰を投げ、掃きとる／断食／不運の日
インヴォカビト 51
火柱と魔女焼き／円盤投げ／車輪落とし

喜びの主日（レターレ）56
夏迎えの日／死神払い
受難週 60
枝の主日 62
棕櫚の花束／「棕櫚のロバ」の行列／プロテスタントの「枝の主日」
洗足木曜日 68
鐘の代用品／緑の食物／「ユダのパン」／卵に力が宿る
種まき、水汲み、断食
聖金曜日 72
種まきや苗植え／「断食の布」、聖墓のしつらえ
聖土曜日 77
復活祭の火／「ユダ焼き」／「清めの水」／一日早い復活祭

春［四―六月］……………………81

復活祭 83
新たに火をともす—教会の火／丘の上の祝火／お水取り／若枝たたき
復活祭の卵／卵遊び／その他の遊び／耕地めぐり
五月祭 96
ワルプルギスの夜／若枝による祝福／五月柱／五月の花嫁／五月小僧
キリスト昇天祭 106
薬草さがし／落雷よけ／耕地めぐり
聖霊降臨祭 110
若枝を飾る／柱をたてる／祝宴とあそび／牛を飾る／仮装と行列／鞭ならし
泉を飾る／聖霊を迎える

夏［六―八月］……117
聖体祭　119
聖体行列／チロルの谷を練り歩く／豊饒祈願／ご利益さまざま／天候占い
聖ヨハネ祭　126
夏至の祝火―ヨハネの火／祝火の跳び越し／祝火の霊験／ヨハネ祭の水／泉飾り
ヨハネ草／ヨハネの花環／その他のまじない／不幸の日
聖ヤコブ祭　134
牧人祭／天候占い
マリア昇天祭　136
女の三十日／薬草の束
その他の夏の祭　139
輪刺し／羊飼い競走
秋［九―十一月］……143
収穫の行事　145
収穫の日のしきたり／最初の麦束／収穫の運び入れ／最後の麦束
穀物霊デア・アルテ／収穫の雄鶏
聖ミカエル祭　152
犂をしまう／灯火祭――機織りの季節を迎える
キルメス／教会堂開基祭　154
菩提樹の下で／キルメスの「五月柱」／祭の「埋葬」

万聖節　158
冬のはじまり／死者の魂を弔うパン
万霊節　160
死者迎えの鐘／死者への心づかい／霊への供物

冬［十一—一月］……………………………………………165

聖マルチン祭　167
冬迎えの日／マントを分け与える／小作料の鶏／マルチンの若枝／祝火
聖マルチンの袋／ワインとガチョウ
待降節　174
聖アンデレ祭　176
恋占い／ロウソク流し／夢枕に将来の夫が／垣根をゆさぶる
聖バルバラ祭　179
バルバラの枝（／聖トマス祭）
聖ニコラウス祭　180
子脅しの風習とキリスト教／ニコラウスの訪問／ニコラウスの姿、呼び名、現れ方
祝福をもたらす精霊／どんどん夜
クリスマス（降誕祭）　190
三つの「年始め」／不思議な現象が次々と……／花や木の神秘／時が止まる
占いさまざま／クリスマス・ツリー／クリスマス・ツリーの飾り／クリスマス料理
十二夜　199
悪霊たちの徘徊／ほうきを作る／十二夜の占い／幼な児の日／大晦日／一月一日

三王来朝の祝日　206
豆の王様／いま一度悪霊を払う／ベルヒトの日／騒音行列／家を清める／三王来朝の劇

補説　クリスマス略史……215
はじめに　217
1―キリスト誕生日の歴史　220
初期キリスト教時代／異教の祝祭日との競合／ニカイア公会議／ユール祭
公式の祝日、年のはじまり
2―クリスマス・ツリー　227
エルザスとバーゼルから／若枝を室内に持ち込む／若枝飾りの源流／若枝たたき
室内の樅の木―クリスマス・ツリーの原型／新興の都市住民のあいだで
貴族社会とツリー／飾りつけさまざま／十九世紀―一般家庭に／人気の社会的背景
3―クリスマス・プレゼント　241
聖ニコラウス／クリストキント／ヴァイナハツマン／奉公人への贈り物
渡すタイミング／クリスマス市／発展の光と影

参考文献　255
あとがき　259
図版出典　vii
索引　i

はじめに

欧米の文化、ことに文学作品などに接していると、当然の事とはいえ生活に密着した、さまざまな祭、行事、習慣が登場する。しかしながら私たち外国人、特にキリスト教とあまり縁のない日本人にとって、作品中に述べられている行事の概要は、その描写によっておよそは類推できるにしても、的確な把握は困難な場合が多い。たとえばそれがドイツ文学であれば、もしも私たちがドイツ人の生活の基盤ともなっている民俗行事、宗教行事、風習に深い知識と理解を持つならば、作品へのアプローチも一層正確なものになるであろうし、風土や人物の心情の理解にそれは強力な武器になりうるであろう。

例としてゲーテ『ファウスト』第一部の復活祭の場面をみてみよう。あらゆる学問を極め尽くしたファウストは、それにもかかわらず、次のように言わざるをえない。

ひとかどのことを知っているという自惚もなく、
人間たちをよくするため、救うために、
何かを教えることができるという自惚もない。(1)

(三七一—三七三行)

己れの空しさに絶望した彼は、「眠りをさそう霊液、死をもたらすひそやかな力のエキス」を今にも口にし、この世に別れを告げようとする。とその瞬間、復活祭の鐘の音と合唱の歌が響き渡ってくる。その響きは心に深くしみ通り、杯を口にする手の動きを思わずはばんでしまう。

なんという深い鐘のひびき、なんという清らかな声だ。
それが抗《あらが》いがたくこの杯をおれの口から引き離す。
あの余韻ゆたかな鐘の音《ね》は、
早くも復活祭のはじまる時刻を知らせるのか。

(七四二—七四五行)

むかしは、天の愛の接吻が、
おごそかな安息日の静寂のなかにおれに降りそそいだものだ。
そのとき鳴りひびく鐘の音《ね》は大きな予感にあふれ、……

(七七一—七七三行)

(1) 以下引用は左記の手塚富雄訳による。
ゲーテ『ファウスト 悲劇第一部』(中公文庫、一九七四年)。

何故に復活祭の鐘の音がかくも泌々と心に響いたのであろうか。復活祭の前週すなわち受難週（Karwoche）は「静寂の週」（Stillewoche）あるいは「苦難の週」（Marterwoche）とも言われ、人々はこの週、キリストの苦難を想い、死を嘆き喪に服する。カトリックの教会では、悲しみを表してこの週には鐘を鳴らさぬ風習があった。人々は静寂と平穏の中にこの週を送る。昔はドイツではこの期間、踊りや音楽が禁じられていただけでなく、法律訴訟、商いも休みであり、農作業も行なわれず、奉公人もお休みがもらえた。その静寂の週は今や終わり、週明けの日曜日の朝、復活祭の始まりと共に、教会の鐘は再び強く賑わしく響き始める。ひっそりとして物悲しい前週を経ての朝の高らかな、復活を祝う鐘の音であるだけに、一層ファウストの心に深く響き渡ったのではなかろうか。復活祭のこの気分、雰囲気を、シュティフター(2)は次のようにのべている。

私たちの教会で取りおこなわれる祝祭には、身にしみて感銘のふかいものがさまざまある。そのうち、はなやかな祝いといえば聖霊降臨祭、おごそかで神聖なものといえば復活祭、これにまさるものは考えられない。復活祭前週の、ものがなしい沈んだ気分と、その週が明けるあの日曜日の晴れやかな気分とは、一生涯わたしたちの心を離れることのないものである。(3)

（2）Adalbert Stifter（一八〇五—一八六八）オーストリアの作家。主要な著作に『石さまざま』『晩夏』『ヴィティコー』などがある。

厳しく長い雪と氷の季節が終わり、今や緑が野に再び蘇《よみがえ》り、蕾《つぼみ》はふくらみ始め、春の最初の花が冬の枯れた葉の間に頭をもたげる。待望の春は復活祭と共に訪れてくる。人々の心は希望と喜びにあふれ、低い家の「うっとおしい部屋から、……重苦しくかぶさる屋根や破風《はふ》の下から、両側の家並みがもたれあっているような狭い通りから、教会の気づまりな暗闇から、みんなが光へと」（九二三―九二八行）戸外に出てくるのである。

（3）シュティフター『水晶』手塚富雄訳、中央公論社。

初春

〔二―三月〕

■マリア聖燭節　二月二日

Mariä Lichtmeß

外はいまだ雪に閉ざされ、枯れた木々に風が吹きすさぼうとも、人々はマリア聖燭節でもって冬は終わりを告げ、春が始まると考える。ヒバリは、たとえその舌が凍えようとも、この日年の最初のさえずりを響かせねばならない。

民衆は、太陽がこの日最初の大きな跳躍をすると考える。昼間はこれから次第に長くなる。南バーデン地方では、この日蜜蜂の籠の所にゆき、「蜜蜂よ、喜びなさい、聖燭節が来たぞ！」と叫んだ。

❖ロウソクの祝別

この日カトリック教会では、教会と家庭でこの年使用され

■直訳すると「マリアの光のミサ」。聖母マリアが当時の慣例にしたがい、ご降誕四〇日目にエルサレムの神殿で「潔め」の式を受け、イエスを「初子」として神殿に捧げたことを記念する（「ルカによる福音書」二：二二―三八）。神殿でシメオンが幼子を「異邦人を照らす啓示の光」と称えた故事にちなんで、ミサの前にロウソクの祝別式があり、会衆が火をともしたロウソクを手に行列するのでこの名がある。「聖燭祭」とも。また英語ではキャンドルマス（Candlemas）。

今日のカトリックでは、「主の奉献の祝日」の呼称が一般的。かつては「聖母マリアの御潔めの祝日」などとも呼ばれた。

▲シュテファン・ロッホナー
《神殿奉献》
1447年
ヘッセン州立美術館

るロウソクが清められる。そのロウソクは一年の間、病気、急死、悪霊から身を守ってくれ、魔女、稲妻、あられ等の害を防いでくれる。すなわちこのロウソクは、復活祭のようなお祭りに使用されるほか、ひどい雷雨のときや死の床のそばで灯され、瀕死の人の手に持たしてやる。聖燭節が日曜日にあたると、その清めの力は十倍になると考えられた。バイエルン地方では聖燭節のロウソクのロウが産婦の手足に巻きつけられた。すると母親と子供は魔物に魅入られる事はないとされた。この日ロウソクは窓辺に置かれ、子供たちはそれを持って行列をし、戸外ではロウソクのまわりでダンスが行われた。

レヒラインでは赤いロウの棒で十字架が作られ、樹木の上、家屋、道具、更には帽子の上にまでも立てられた。ポーゼンでは、ドアの上で聖燭節のロウソク三本を燃えつきさせる風習がある。[1]

▲聖燭節のミサ（交叉させた２本のロウソクによる祝別）

❖亜麻紡ぎ

聖燭節は亜麻紡ぎと色々な関係がある。恐らくその昔、この日は織工の祭日であったらしい。「もしも太陽の光が聖燭節に、わずかの間でも教会の祭壇に射せば、亜麻の成育には吉兆」とみなされた。メクレンブルク地方では女性たちはこの日亜麻が高く育つようにと、陽の光の中で踊った。

シュレースヴィヒ＝ホルシュタイン地方では「亜麻よ長くなれ！」と大声で叫び、ヘッセン地方では、この日きび粥をたっぷり食べ、長い焼きソーセー

（1）レヒライン Lechrain はオーバーバイエルン南西部、レヒ川沿いの一帯。また、ポーゼン Posen はポーランド西部の古都ポズナニ（ポズナン）のドイツ名。

ジを食べると亜麻が長く育つと人々は信じた。この日はまた魔除けの行事をする日でもある。農民は呪文と魔術的な動作によって害虫を防ごうとする。蛇やネズミを追い払うため、バーデン地方の農民は、鎖を三度家のまわりを引きずる。これは家族の子供が行なえば一層効果が上がる。

❖占い

聖燭節はまた有名な占いの日である。ロウソクの燃える様子から予言がされる。シュヴァーベン地方では、聖燭節の夜の祈りの時、ロウソクが最初に消えた人には、その年死が訪れるといわれた。聖燭節に小鳥の声でその年の豊作が占われる。聖燭節には、暖かい天候より、むしろ嵐と雪になった方がよいとされる。雪がこの日降ると畑の育ちが良いと信じられ、この日、「太陽を見るくらいなら牛小屋の中にいる方がまし」という言い方もひろまっている。

＊

聖燭節には奉公人に給与が支払われた。彼らは、手当を受け取ると旅に出るか、親族を訪れ

◀聖燭節に、祝別されたロウソクを投げ与える教皇
『コンスタンツ公会議年代記』
1464年頃
コンスタンツ、ロスガルテン博物館

るか、あるいは飲屋で楽しくすごす。二、三日は仕事休みである。夜業はこの日で終わり、冬の夜業の雇人は解雇される。聖燭節が支払日と引越の日という風習は今日でも生きている。

▲聖燭節のミサで
祝別されたロウソク

■聖ペテロ祭　二月二十二日

Petri Stuhlfeier

この日は暦では、ペテロの椅子祝い（Stuhlfeier）といわれる。西暦五六七年に教会が、この日を使徒ペテロの司教の椅子への昇位を記念する日と決めたからである。この日もまた、多くの地方で春の始まる日とされる。

❖柱たたき

「聖ペテロの祭の日、コウノトリは巣を探す」と人々はいう。マツユキソウは花をつけ、柳は芽ぶき、虫は冬ごもりから覚める。そこでヴェストファーレン地方では、この日、槌でもって家の隅柱や梁をたたき次のように歌う。

出てこい出てこい出てこい、
家や納屋から蛇どもは。
蛇も、モグラも
ここの宿りはならないぞ。
ペテロ様もマリア様も

■聖ペテロの使徒座の祝日、などとも。聖ペテロ（ペトロ）はいうまでもなく、キリストの最初の弟子で、パウロとともに使徒の筆頭というべき存在。関連する祝祭日はいくつかあるが、アンティオキアに使徒座（司教座）を定めたことを記念するのがこの日。ただしこれとは別に、キリストより「天国の鍵」を授けられたことをもってローマに司教座を定めたものと解し、一月十八日にも「聖ペトロ教座の祝日」が祝われてきた。さらに、「使徒聖ペテロと聖パウロの日」として、使徒の代表者二名を記念する日が六月二十九日に定められ、こちらも人々の生活に深く根づいた祭日となっている。

▲マツユキソウ
（独：Schneeglöckchen／学名 *Galanthus nivalis*）

家、庭、納屋への宿りはお禁んじだ。
モグラも蛇も出てゆけ
土地こえ、砂こえ
葉こえ、草こえ
垣根を通り、やぶこえて
冷たい所へ入ってゆけ、
そこでみんなは腐るのだ。

旧マルク伯領[1]では、この家の柱たたきは「害鳥払い」(Süntevogeljagen)といわれ、害虫やネズミを追い払おうとする。それをやれば家畜が病気にかからない。

❖春の呼び起こし

この日はまた春を呼び覚ます日でもある。南チロル地方のフィンチガウ[2]では、この日に「春の呼び起こし」(Langas-wecken)が行なわれる。男の子たちが村中を走り廻り「ペーター・ランガス」(Peter Langas)と叫ぶ。彼らは家の中まで入りドアの前までしのび寄り、首にかける牛の鈴を力いっぱい鳴らす。またヴィッテンベルク近郊のケンベルクでは、この日子供たちは、家から家へと行列を作って戸を叩いて廻る。戸が開けられると「ペテロはまだきてい

(1)ノルトライン=ヴェストファーレン州の一部をなす、歴史的地域名(Grafschaft Mark)。現在のルール地方とその周辺。
(2)フィンチガウ Vintschgau はフィンシュガウ Vinschgau とも。現イタリア領(ヴェノスタ)で、メラーノから西へ細長く延びる渓谷。

ませんか」と叫ぶ。そのお返しとしてお金やクッキーをもらう。

❖ビーケン（火祭）

北フリースラント地方では、この前日の夕方、丘の上か、墓地の小高い山の上で藁が燃される。この火は村をこえ島をこえて遠く北海までも照らす。この火祭はビーケン（Bieken）といわれ、この火祭のあと、夕方、家では明りは灯されず、夕食も日の明るい内にとられる。

❖占い

この日はまた、占いの日とされる。この日の天候はお四十日間続くと信じられた。「聖ペテロの日の寒さは四十日も続く」と人々は言う。ヴェストファーレン地方の女の子たちは、この日泉のそばに行き、周囲にロウソクを灯し、キヅタの冠と藁の冠を水の中に投げ込む。彼女たちは、泉のまわりを踊り廻り、最後に、後向きで泉に寄って冠を探す。緑のキヅタの冠を摑むと、それは幸せを、藁の冠を摑むと不幸を意味した。

▲ズュルト島（北フリースラント諸島）のビーケン（火祭り）、1860-80年頃

■聖ゲルトルート祭　三月十七日　Gertrudistag

❖春の便り、夏の花嫁

民間信仰ではゲルトルートは春の便りでありまた夏の花嫁、最初に庭仕事をする女といわれる。チロル地方では

ゲルトルートは
牛を草地に
馬を、馬引きに
蜜蜂を空にかりたてる

といわれ、彼女は庭を守り、大地に力と暖かさを与えてくれると信じられる。この日に糸紡ぎは終わる。

ゲルトルートはネズミと一緒に
機織り女たちを追い出す

▲聖ゲルトルートとネズミ

■聖ゲルトルートは七世紀の聖人。ピピン一世の娘で、現ブリュッセル近郊ニヴェルの初代女子修道院長をつとめたと伝えられる(六五九年没)。ドイツ、フランス、ベルギー、オランダなどで、ネズミの害から守ってくれる聖女として崇められたが、その人気ぶりなどから、ゲルマンの女神フレイヤと同一視されたとの説もある(拙著『ヨーロッパの森から』参照)。なおこの日(三月十七日)は今日では、アイルランドの聖人、聖パトリックの日としても広く知られる。

▲冬の紡ぎ部屋　18 世紀の銅版画

❖ネズミと聖女

聖者像、彫像、農民の暦の中ではゲルトルートは、糸巻き棒とそれによじ登ろうとするネズミが持物になっている。この日以降になお、糸紡ぎをする人の粗麻《あらそ》や、紡錘《つむ》は壊されるぞという戒めが、この信仰の中にうかがわれる。(1)

＊

ゲルトルートはネズミの害を防いでくれるばかりか、囚人、船乗り、特に旅人の守護者である。十一世紀には、別れの杯は「ゲルトルートのミンネ」(Gertrudenminne)といわれ、度々文献にも登場するが、この言葉は、後に、教会からも認められた「ヨハネのミンネ」(Johannisinne)にとって代わられた。十五世紀から伝えられる信仰によると、ゲルトルートは宿泊者の守護聖人でもあるから、人の魂がこの世を去って永遠の審判者の所におもむく途中で、最初の夜の宿を与えるという。二日目の夜の宿は聖ミカエルが与えるといわれる。

▲聖ゲルトルート（左）
ザンクト・ゴアールの教会壁画、15世紀末頃

(1) ネズミと糸巻き棒とゲルトルートの結びつきは、次のような伝説で説明される場合も多い。糸紡ぎをしているゲルトルートのところへ、悪魔がネズミに化けてあらわれ、糸を噛み切ったり、もつれさせたりして何度も仕事を妨害した。しかし彼女は悪魔の誘惑に決して負けず、忍耐と祈りで悪魔を追い払った、と(拙著『ヨーロッパの森から』参照)。

■聖ヨゼフ祭　三月十九日　Josephstag

イエスの養父ヨゼフの信仰は中世後期に広まり、祝日となったのは一六二一年からである。ヨゼフは教会の守護聖人（一八七〇年以降）であり、結婚、斧を使う職業、純潔の守護者でもある。したがってこの日に結婚式が好んであげられ、愛の贈り物が交わされる。

❖ジャラジャラ鳴らし

この日、ボヘミア地方やバーデン地方では、「ヨゼフのジャラジャラ鳴らし」（Josephs-klimpern）という子供の祭があり、子供たちが大きな物音をたてながら行列する。ボヘミアでは、この日から子供のボール遊びが始まる。冬はもう終わりに近い、「聖ヨゼフ様は燃える柱を大地に打ち込む」からである。

■聖ヨゼフ（ヨセフ）はこの日、救世主に抱かれて世を去ったと伝えられ、十五世紀、教皇シクストゥス四世の頃からこの日を祝う習慣が根づきはじめたという。一九五五年には、ピウス十二世により「労働者の守護聖人」に名指され、別に五月一日にも「労働者聖ヨセフ」の記念日が祝われるようになった。

◀《聖家族》
祭壇画、1700年頃
フラウエンベルク
女子修道院
（シュタイアーマルク、アトモント近郊）

▶聖母子と 14 救難聖人
板絵、1500 年頃
グラーツ
州立博物館ヨアネウム旧絵画館

画面左下に聖ゲオルク（ゲオルギウス）、
以下反時計回りに：
クリストフォルス／アエギディウス／キリアクス
ウィトゥス／ディオニシウス／エラスムス
バルバラ／マルガリタ／（聖母子）
ブラシウス／カタリナ／エウスタキウス
パンタレオン／アカキウス

■マリアへのお告げ　三月二十五日　Verkündigung Mariä

五世紀にすでに祝われた最も古いマリアの祭の一つであり、ザクセン地方では、マリアを祝う唯一の祭として宗教改革以後も長く行なわれた。この日をもって一年を始める風習は西部ドイツ、トリーアなどで長い間保たれていた。

■カトリックでは「神のお告げの祭日」、また他に「受胎告知日」「み告げの日」などとも呼ばれる。英語圏ではLady Day（やはり十八世紀半ばまで、春分に近いこの日を西暦の元日、一年の始まる日としていた）。

聖母の祝日としてはほかに、二月二日が「お潔めの祝日」、五月三十一日「聖母訪問日」、八月十五日「聖母被昇天（マリア昇天祭）」、九月八日「聖母お誕生」、十二月八日「無原罪の聖母」などがある。

❖燕帰る

「マリアへのお告げは、夜なべ仕事の終わり」であり、チロル地方の農夫は、この日の朝早く空をみあげる。「マリアへのお告げの日、星がたくさん輝くと、百姓の心配事は少ない」からである。農夫はこの日を特に喜ぶ。「マリアへのお告げの日と共に燕が帰ってくる」からである。燕が七年間、同じ巣の中で卵をかえすと、巣の中を探さねばならない。

◀《受胎告知》
司教杖、12-13世紀頃
バイエルン国立博物館蔵

そこには「燕石」(Schwalbensteini) があり、それはあらゆる難儀から身を守ってくれる。

ジーベンビュルゲン[1]のフェルドルフ(Feldorf)では、この日、「処女マリア」(Marienjungfer)という、黄色のベールをかぶせ、飾り立てた藁人形の老婆が燃やされる。

▲ファイト・シュトース《ロザリオの受胎告知》
1517–18年頃
ニュルンベルク、ザンクト・ローレンツ教会

(1) 現ルーマニア、トランシルヴァニア地方のドイツでの通称。十二世紀頃からザクセン地方のドイツ人が多数入植した。フェルドルフもドイツ名で、ムレシュ県、トゥルグ・ムレシュ南方のフィリテルニク(Filitelnic)を指すという。

■聖ゲオルク祭　四月二十三日

皇帝ディオクレティアヌスによる迫害で三〇三年頃殉教した聖ゲオルクは、六世紀以降イタリアで崇敬を受けたが、十二世紀の伝説の中ではじめて、騎士にして龍退治者となった。後に彼は十四救難聖人(1)の第一番目の聖人として信仰され、馬乗り、戦士（たとえば、騎士、武器鍛冶、青少年団体、射撃会、兵隊等）の守護者となった。また彼は、病人、不妊の女、産婦をも助ける。龍退治によって蛇に関係があるとされて、聖ゲオルクの日に、打ち落した蛇の頭から芽生えた豆は子供を幸せにするとされた。この日以前に蛇の姿をみた人は、蛇の害から逃れることができる。

❖ゲオルクの枝

聖ゲオルクの日は春祭りの色彩を持つ。アルプス地方では「ゲオルクの枝」(Jöring-Astl) が窓辺に差しておかれる。「ハシバミ、ヒイラギ、

▲龍を退治する聖ゲオルク
木彫、1515年頃
チロル、アンブラス城旧在／ウィーン、美術史美術館

■ゲオルギウス（ラテン語）、ジョージ（英語）、ジョルジュ（仏語）などとも。とりわけ英国では、セント・ジョージはイングランド王国の守護聖人とされる。また近年の風習ながら、日本の「サン・ジョルディの日」（一九八六年〜）は、カタルーニャでこの日、本を贈るならわしがあるのを移植したものという。

（1）危急の際にその名を呼べば難を救ってくれると信じられた、十四名の聖人。十五世紀頃からドイツ語圏の民衆に崇敬がひろまった。十四名にはそれぞれ守護対象の割り当てのようなものがあり、聖ゲオルクは「家畜の病気」に際して呼びかけられた（二八頁の図版参照）。

杜松《ネズ》の枝が置かれている所に、ゲオルク様が帰ってみえる」とイン地方の人々は信じる。

❖春の訪れ

放牧期が始まり、聖マルチンの日（十一月十一日）以来、小屋にとじこめられていた家畜は、この日からは曳き出される。この日からは子供たちは裸足で出歩いてもかまはないし、水ももう毒ではない。水浴びも聖ローレンツの日（八月十日）まで害にはならない。イーザル山地では「毒はカエルや蛇の中に入りこむ」と信じられている。聖ゲオルクの夜の水浴びは体によいとされた。

＊

この日の夜、魔女と、穀物畑の精ビルヴィス Bilwis が暴れ廻り、地下の宝は表に現れ出てくる。

▲聖ゲオルクの日の騎馬行列　ティットモティング（オーバーバイエルン）
バイエルン各地でこの日、騎乗姿で描かれる聖人を摸しての騎馬行列が、聖人ゆかりの教会などで催される。

■ファスナハト（カルネヴァル 謝肉祭）／懺《ざん》悔《げ》火曜日 Fasnacht / Fastnacht

（復活祭前四十七日目、つまり四旬節前夜の火曜日。もしくは、この火曜日まで数日つづく祭の期間）

翌日の灰の水曜日から始まる、長い断食の憂鬱な期間を前にして、人々は今一度陽気に馬鹿騒ぎを行なう。ファスナハトは昔は、数日どころか数週間にわたることもあり、時として、十二月二十六日から、一月一日から、あるいは一月六日の三王来朝の祝日からファスナハトに入ると考えられることさえあった。馬鹿騒ぎは何日も続くにもかかわらず、「ファスナハト」（Fasnacht／直訳すると「断食の夜」）と何故単数で言われるのかは、判然としない。

❖太った火曜日

冬の季節の終わりとして、懺悔火曜日は昔から祭日と考えられていた。この日には貧しい家でも肉料理が食卓にのぼらねばならなかった。仔牛を屠るのが多くの所で風習となっていて（この日は「太った火曜日」der fette Dienstag などとも呼ばれる）、ザクセン地方のプラウエンでは、子供たちは、祭の一週間前

■本来は、四旬節の始まる聖灰水曜日の前夜、懺悔火曜日 Fasnacht-Dienstag（告解火曜日とも）を指す。

二月四日～三月九日（復活祭に連動して移動）。

英語圏ではパンケーキ・デイ（Pancake day / Shrove Tuesday）、仏語ではマルディグラ（Mardi gras）。

しかし一般にファスナハトあるいはファストナハトといえば（ファスネット、ファッシングとも）、この火曜日まで数日間つづくお祭り騒ぎ、いわゆるカーニバルの期間を指すことも多い。

期間の長さはさまざまだが、たとえばラインラントでは六日間が標準的で、初日の木曜日は「女のファスナハト」、翌金曜日は「煤の金曜日」、そして前日の「薔薇の月曜日」を経て、この「懺悔火曜日」を迎える。

ちなみに現在では、厳密に教会暦にこだわらず、四旬節の期間中に「ファスナハト」の行列などをおこなう日が設定されていることも少なくないという。

▲ファスナハトの仮面行列　シュヴァルツヴァルトのフィリンゲン、1912 年

から次の歌を唱って喜び待ちうける。

新しい、新しいファスナハト
父さんは仔牛をおとしたよ
父さんは指に切りつけて
みんな死ぬほど笑ったよ

家庭の主婦は祭りのパンやクッキーに心をくだく。(1) これらには脂がたっぷり入っていて、最初の三個を、最初の麦束に入れておくと麦畑にネズミが近づかない。ほかにもこの期間には、力のつく脂こい食事、様々なものが入った食事が充分にとられ、チロル地方では「大喰い月曜日」(Freßmontag)という表現も使われる。あるいはまた、バターミルク、ローストポーク、魚(ウロコの数、卵の数だけお金が入る)、エンドウ豆、キビ(お金がぞくぞく増える)など、七種類、または九種類の食事をとらねばならない。女の子が、太いふくらはぎになろうと思えば、立ったまま肉を食べるとよいとボヘミア地方では信じた。

❖犂《すき》祭

今日残っているファスナハトの風習の多くは、冬の寒気が去り、春が越し

(1)ファスナハトに用意されるパンやクッキーには、種類、呼び名ともに変化に富んでいる。一例を紹介しておくと、Fastnachtenbrezeln(ブレーツェル型)、Pfannkuchen(パンケーキ系)、Kräpfen, Faschingskrapfen, Hornaffen, Fastnachtsöhrlen, Küchele, Heetwecken(揚げパンあるいは揚げ菓子系)などなど。左の写真はFastnachtsküchle と呼ばれる揚げ菓子。

てくる喜びを表している。「聖マルチンの日に納屋に収め込まれた犂は、ファスナハトに再び取り出される」。低部フランケン地方のハルシュタットでは、七年ごとに犂祭が催される。お祭りの行列の中で、地方色豊かな祭衣装をつけた七人の乙女によって一台の犂がひかれる。農夫は農耕具をひき、それには、樵《きこり》、刈り手、麦こぎ人、干草を拡げる手伝人、ぶどう摘み手伝いたちがともなって進む。

❖冬と夏の争い

南ドイツ地方には、昔から伝わる冬と夏春が争う祭が存在する。二、三の若者が藁で身を包み冬を表す。謎の王冠と木刀を持った冬の王が行列の先頭に立つ。一方緑の服をつけた他の人たちは春を表し、その行列の先頭には苔とキヅタで覆われた夏の王がいる。二つのグループは歌を唱いつつ次第に近寄り、冬は切藁を投げちらし、夏は緑の葉を投げつけて相争う。遂に夏が勝利を収め冬は逃げ去り、冬の衣装をつけた若者たちは藁の衣服を脱ぎ川に投じるか、火の中に投げすてる。

▲「荒くれ男」の殺害　謝肉祭劇の挿画、P. ブリューゲル、1566年

❖荒くれ男

同様の祭りに「荒くれ男の祭」(Wildemannfest)がある。一人の若者が春を表す「荒くれ男」(der wilde Mann)となって森の中にに身をかくす。若者は、苔、サルオガセ、樹皮や木の葉などを出来るだけ荒くれ男にみえるよう身につけ、手には棒を持っている。彼の仲間は鉄砲を打ちならしながら彼を探し求める。探し当てた一行は歓声をあげながら彼を村に連れもどす。人々は春に憧れ、春を求め、春の来訪を喜び祝うのである。ボヘミア地方では、春を祝って五人の若者が家ごとに短く言葉をやりとりしあう芝居を披露した。彼らは先ず王とその娘(春)、二人の召使(夏と秋)それに死神(冬)を紹介する。王は金紙の冠をつけ、王笏として杖を持ち、娘はお金の贈り物を収める箱を持つ。お金は芝居のあとで集められる。二人の召使、夏と秋は刀を持ち、死神の冬は手に木片を持つ。芝居はまず、二人の召使が娘に求婚する。次いで死神も近寄り彼女を求めるが、王は彼に立腹し、死神を刺し殺す、そこに夏と秋の召使が馳けつける。目出たく冬は去り、春と夏の季節となるのであった。

❖ワラ熊

ファスナハトの大きな特徴に仮装と仮面行列がある。シュレージエン地方(2)では「エンドウ豆熊」「ワラ熊」がよく知られている。若者が藁か豆がらを

(2)「シレジア」とも。現在のポーランド南西部(一部チェコ北東部、ドイツを含む)に広がる地域の歴史的呼称。神聖ローマ帝国領あるいはドイツ領として、長くドイツ語文化圏に属した。

▲エンドウ豆熊(Erbsen-Strohbär) エンプフィンゲン、1927年

体に結び、熊の装いで連れ廻される。その横には「白馬の騎士」（Schimmelreiter／三本足の白馬に乗り大きい帽子をかぶった幽霊騎士）が伴なって行く。一人または数人の若者が白馬に扮し、愉快な衣装をつけた他の一人が騎士を演じる。彼らは家ごとに廻って贈り物をねだる。

❖ハンス小僧

南ドイツには「ハンス小僧」（Hansele）がある。ボーデン湖畔のユーバーリンゲンでは、一人のハンス小僧が、きらびやかな布切れをくっつけた衣装をつけ、首には狐の尾をつけている。彼の自慢のものは長い鞭（Karbatsche）で、ひどい騒ぎをする。これはドイツのアレマン地方やスイスに出まわる「ぼろ助」（Blätzlebube）に似ている。バールや南スイスのハンス小僧は、木の仮面をつけ、首に狐の尾、ゆったりとして派手な衣装をつけ鈴を帯びた数人からなる。彼らは、一定の足どりで通りを飛び跳ねながら進み、手には袋を持っている。子供たちがその後について廻る。子供たちは、次のようにはやして、彼らの袋から、クルミ、スモモ、リンゴ等をおねだりする。

ハンス小僧　おんぼろぼろ助
ファスナハトの来たのを知らないか
お口をお水ですすいだら

▶ユーバーリンゲンの「ハンス小僧」
絵葉書、1938 年

▲フィリンゲンの道化
1908年

▶道化と子供たち
フィリンゲン
絵葉書、1925年

▲（上段）ロットヴァイルの仮面行列
絵葉書、1889 年

▲（下段）ロットヴァイルの道化、1912 年
◀同上、1935 年

財布にお金が残るだろ　阿呆やーい

（川端豊彦訳）

ハンス小僧は子供たちに贈り物を袋から投げてやる。シュヴァルツヴァルト地方、フィリンゲンの道化はお人善しで、花嫁衣装をした若者をお伴に連れている。シュヴァーベン地方、ロットヴァイルの道化はお人善しの仮面をつけたのもいれば、恐ろしい仮面の者もいる。

❖ファスナハトの魔女

アルゴイ地方のゾントホーフェンの風習は、豊饒儀礼と関係がある。様々な変装と滑稽な動作で若者たちが野良仕事をする。突然一人の魔女が現れ畑仕事を妨げる。しかし最後には、彼女は村の共有地から追い払われる。この行為は、魔女によって表される不作の悪霊が、畑の豊作を妨げえないことを類似行為の呪術によって示そうとしている。

❖卵とソーセージ

ニーダーザクセンのリューネブルク近郊では、ファスナハトに若者たちが卵とソーセージを集め

◀ファスナハトの魔女
シュヴァルツヴァルトのオッフェンブルク
1936-37年頃

まわる行事がある。一人が大きな熊手（Spekgabel と呼ばれる）を持ちそれにソーセージをぶら下げる。それを持って楽隊を従えて家々を訪れて、その家で踊り、食物を頂戴してまわる。ロスラウ地方では、農民たちが村長宅に集まる。ここから彼らは行列を作って村中ねり歩く。楽隊を先頭に、藁束用の熊手を持った男が進む。行列は村の家を一軒ごとに訪れてゆくが、どの家にも卵料理、ソーセージ、ハム、ビール、火酒などが食卓の上に置いて行列をまちうける。贈り物をもらって家を去る時、熊手の担い手は、主婦から大きい焼きソーセージをぶら下げてもらう。最後に行列は村長の所に帰り、集めた贈り物をみんなで食べあい、ダンスに興じた。行列のあいま、仮装をした男が人々を生命の杖でたたいてまわる。

❖剣舞

今ではほとんどすたれたが、剣舞も昔はドイツで懺悔火曜日に踊られた。昔から行われている数少い町の一つにボーデン湖畔のユーバーリンゲンがある。剣舞の担い手はブドウ摘みの独身の若者たちである。彼らは四人の管理責任者、旗手、会計係をそれぞれ一人選んで、組合の議長団を作る。用意が整うとハンス小僧を選び出す。昔から伝わる行進の音楽を奏でながら、剣士たちは町の決った二、三の場所に行進し、そこで極めて手のこんだ列を作って踊る。或いは8文字を作り、或いは図形を描いて踊る。十字になった刀の

▶ユーバーリンゲンの剣舞

▲（上）ニュルンベルクの剣舞（1936 年）
（下）ニュルンベルク刀鍛冶職人組合による、1600 年頃の剣舞の様子を伝える銅版画（A. ベーナー画）

下を通りぬけ、刀の上を跳び越える。子供たちはその間、歌を唱っておねだりする。

ハットラバ、ハットラバ、はしばみはたんまり
いただきました、奥方様、お銭も私に下さいな

剣の舞いのあと踊り手たちは、娘たちや、御婦人方を連れだしてダンスに興じる。

祭りの行事の担い手は、このような若者講か職人組合であり、ファスナハトが新入組合員の試験日であり採用日である。若者が十七歳になると彼は組合長の所に申し出る。組合長は、この日の夕方、集まっている若者たちの前で決められた試験を終えねばならないと若者に告げる。決められた時刻に若者たちは酒場に集まる。酒場の窓にはカーテンが降ろされ、薄暗いランプの輝きの中で秘密めいた試験が行なわれる。若者講の意義についてや、知識について質問があり、真の若者魂を培うよう説教が行なわれる。誓いの言葉に次いで入会希望者は葉巻を吸い、一定量のビール、火酒を一気に飲み干し、最後によどみなく歌を唱わねばならない。このあと彼の顔は黒く塗られ、毛ぼうきでたっぷり仕上げがされる。この試練に身動きもせず耐えると入会が許可される。入会試験のあとは宴会が始まり、様々なふざけや芝居で時をす

◀ミュンヘン、屠殺業者の「卒業式」
石版画、1825年

ごす。

❖屠殺業者の「卒業式」

ミュンヘンの屠殺業者は、ファスナハトの前日、徒弟に市役所前のマリエン広場の泉の前で盛大な卒業の儀式を行なった。この日、若い親方、職人、管理職、古参親方たちは、組合旗、組合櫃、重い組合の大盃を持って、行列を組み、市役所前に向う。マリエン広場で弟子たちは晴着を仔牛の尾のついた房つきの衣装に着がえる。古参職人の挨拶の後、弟子たちは泉の中に飛び込み観客にリンゴ、クルミ、お金を投げ、それを求めて寄ってくる人たちに水を浴びせる。それが彼らの卒業式である。

＊

ファスナハトから会計年度が変わるのは、この日から新たに共同体と耕地管理人を選んだり、共同体会計をしめたり、禁猟期の宴会をこの日に行ったりした風習からも知れる所である。チューリンゲン地方ではファスナハトに「羊飼いの杖」が切って作られた。共同体の長老た

ちが居酒屋に集って、羊飼いと共同体管理人を呼び出す。羊飼いと管理人は、昨年度の勤務と成績を報告し、事情によっては罰せられたり解雇されたりする。引き続き仕事のもらえる羊飼いは新たな杖をもらうが、その上には、新年度にまかせられる家畜の数が刻まれていた。手続きが終ると、新たに雇われた人たちは巻きパンと火酒をもらった。

ファスナハトにも占いがある。春が近いので天候占いがされる。ホルシュタイン地方では懺悔火曜日の晩に熱い石が地中に入ると信じられている。一般に霜は良い兆しであり、つららが長いほど亜麻も長くなる。ラインラント地方では、ファスナハトに生れた者は道化師や手品師になると信じられた。

バイエルンやオーストリアでは、ファスナハトはファッシング（Fasching）といわれ、北ドイツではカルネヴァル（Karneval）という。ケルン、マインツ、デュッセルドルフの行列は有名で、今日でも盛んに行なわれている。

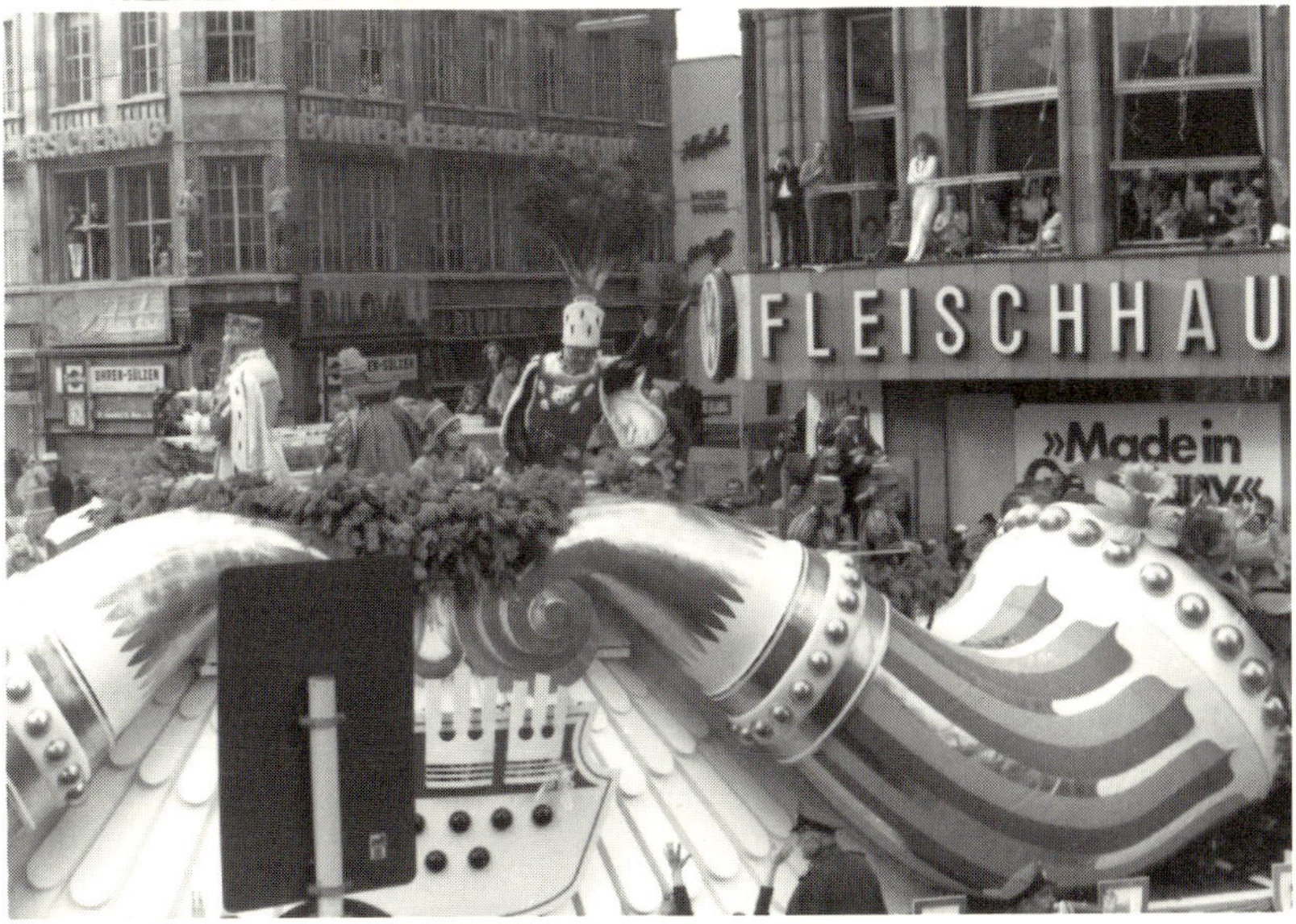

▲ケルンのカルネヴァル（1973年）
上：祭の「王子」／下：お菓子をまく「農民」と「乙女」

ケルンのカルネヴァル（カーニバル）は毎年、11月11日11時11分にアルター・マルクトで始まる。この日ケルン・カルネヴァル委員会によって賑やかに王子、乙女、農夫（いずれも男性で町の名士）が選び出される。本格的な祭は新年から始まり、町のいたるところで舞踏会や宴会が催される。懺悔火曜日の前日、薔薇の月曜日には、時の政治や世の風潮を諷刺した大型の人形を乗せ、花で飾り立てられた山車が数キロにわたって町をめぐる行列が行なわれるが、その主役は上の三人であって、彼らは山車の上から道すがらお菓子の類を数万人に及ぶ見物人に向かってまき散らす。ちなみに、これに先立つ木曜日は「女のファスナハト」（Weiberfasnacht）といわれ、女性にとって無礼講の日であり、女性たちは通りすがりの男性のネクタイをハサミで切り落としてもお咎めはない。

四旬節（灰の水曜日から復活祭前日までの四十日間） Fastenzeit

灰の水曜日
インヴォカビト（四旬節第一日曜日、火花の日曜日）
喜びの主日（四旬節第四日曜日）
受難週（復活祭前の最後の一週）［▼枝の主日〜聖土曜日］

■復活祭に先立つ四十日間（ただし六度ある日曜日を含めると四十六日間）。ラテン語の Quadragesima や仏語の Carême はこの日数にちなんだ呼称（ともに四十の意）。また英語の Lent は、「日が長くなる季節」すなわち「春」の含意という。
　断食もしくは飲食の節制につとめ、祝いごとなどを控えて復活祭に備える、祈りと償いの期間。

　復活祭の日に連動して移動し、最も早い年は二月五日から三月二十一日まで。また最も遅くなる年は、三月十日から四月二十四日まで。

■灰の水曜日（**四旬節**の初日／復活祭前四十六日目） Aschermittwoch

四旬節の最初の日、灰の水曜日は、この日の朝早く、すぎ去った年の、清めを受けた棕櫚《しゅろ》(1)を焼いて灰にするという、カトリック教会で行なわれている風習に由来する。神父は、「汝は灰から成り、灰にもどる事を想え」の言葉と共に、礼拝に訪れる人々の上に灰を振りかける。この灰を耕地に撒くと、三日間の雨、三日間の太陽以上に効き目があるとされる。したがって人々は

■復活祭の四十六日前（二月五日〜三月十日）。「聖灰水曜日」などとも呼ばれる。

（1）伝統的に「棕櫚」と訳されることの多かったこの植物は、実際にはナツメヤシ *Phoenix dactylifera* を指すと考えられ、現行の新共同訳聖書でもそのように訳されている。しかしこの植物に縁のうすい地域——ドイツ語圏もそうであるが——では、後述のように、柳などのさまざまな常緑樹で代用される。

寺男から清めの行事で残った灰を分けてもらったり、自分たちで灰を持参して清めてもらったりした。その灰を家に持ち帰り、もう一度清めの行事をした。チロル地方のザンクト・マグダレーナでは、その灰を今日なお牛の餌の中に入れる風習がある。

❖灰を投げ、掃きとる

色々な地方で、灰を互いに投げ合う習慣があった。ザクセン地方では、子供たちが若枝で家族から灰を掃きとり、そのお代に贈り物をもらった。メクレンブルク地方では、子供たちは、何日も前から白樺で鞭を作り、この日、寝室の両親を不意打し「カーニバル・クッキーをおくれ！」（Heetweken her！）と叫んで打つ。次いで祖父母、親戚を襲い、パンやクッキーをねだる。雇人もその鞭で襲われた。チューリンゲン森のシュヴァルツブルクでは以前、下男が灰を袋一ぱい持って主人の前に行き、それを机の上に撒き、従順を誓った。この日この地方の人たちは又、把手や、玄関の呼び環に、作り立ての縄を結び、泥棒よけ、禍よけとした。

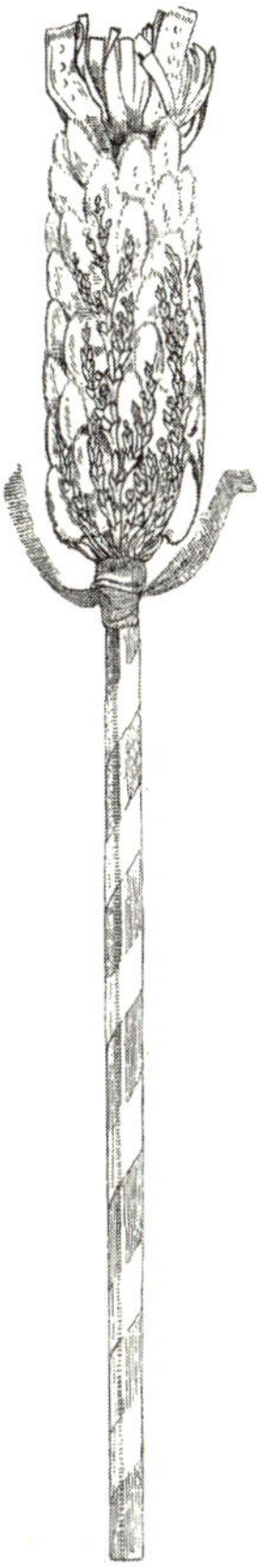

◀（上）オーバーバイエルンの「棕櫚の木」
◀（下）信徒の額に「灰の十字架」をしるす司祭

❖断食

灰の水曜日と共に人々は断食の期間にはいる。昔はこのきまりは厳格に守られ、肉は、肉団子の形でも喰べられなかった。東チロルの飲食店では、クッキーと魚、卵だけしか出ないので四旬節と判るほどであった。

灰の水曜日には雪はもう降らないと言われ、「雪が聖灰水曜日に降ると、夏までもう四十日間も雪が降る」とチロル地方では言われる。

❖不運の日

灰の水曜日は不運の日とされる。この日にルシフェル Luzifer（堕天使）が天から落されたと言われ、牛小屋に新たに牛を入れてもいけないし、牧場に出しても、売買してもいけない。牛小屋も部屋も掃除は禁じられ、人々は村を出る事も、森に入る事も許されない。この日に「木精の妖婆」（Holzfrau）が悪魔に追われるからである。

▶キリストの受難に思いをいたすための図像
四旬節に縁の深いブレーツェルに
磔刑像、5つの聖痕、そして受難具が配されている
18世紀

◀「火花の火曜日」の火柱
最上部には「魔女」が掲げられている
オーストリア、フォアアールベルク州のシュルンス

■インヴォカビト（四旬節第一日曜日）

Invokavit / Invokabit

四旬節の第一日曜日に行なわれる入祭文が、この言葉で始まることから来る「インヴォカビト」は、民衆の間では様々な名前で呼ばれる。「大謝肉祭」(große Fastnacht)、「喜びの日曜日」(Freudensonntag)、「火花の日曜日」(Funkensonntag)、「円盤の日曜日」(Scheibensonntag)、「城火の日」(Burgfeuer)、「小屋火の日」(Hütten-feuer) 等である。この日、南ドイツやチロル地方の各地では丘や山の上で大火を燃やし豊饒を祈願する風習がある。

❖火柱と魔女焼き

インヴォカビトの日、ヴルツァッハ(1)では、正午を期して若者が数人、馬車を従えて町を歩き、家の門ごとに止って叫んでは材料を集めた。

薪と藁束を

■呼称は「詩篇」九一歌一五節「彼がわたしを呼び求めるとき……（彼に答えよう）」のラテン語訳 Invokabit ... による（ただしドイツ語では Invokavit の綴りが一般的）。

灰の水曜日の四日後で、復活祭の四十二日前（二月九日～三月十四日／復活祭の日に連動して移動）。

(1) シュヴァーベン南部の温泉町。ヴァート・ヴルツァッハとも。

火花か高くなるように

薪や藁がもらえなければ、家の主婦を魔女とののしる。丘に着くと、持参した長い棒の先端に藁束を結ぶ。魔女の仮装をした女の人形が、それで作られ、最後に古い帽子がその上におかれる。夕方のお祈りの鐘が響くと、「火花」（この火はそう呼ばれる）が人形につけられ、円盤投げが始まる。

▶火柱の先端の「魔女」

❖円盤投げ

円盤は薄い四角の板で[2]真中に穴があけてある。このような円盤を一人の若者は、一本のひもに四〇枚から五〇枚も下げて振り廻し投げる事ができた。この円盤に火がつけられ空中高く投げられる。円盤は夜空に火の玉となって飛んでゆく。最も高く円盤を飛ばした人が勝利者で、人々、特に恋人から非常な尊敬を受ける。円盤投げは人形が倒れるまで続けられる。また人形が倒れた方角から、夏にひどい雷雨がやってくると人々は信じた。

南チロル、フィンチガウ中部[3]の円盤投げは次のように行なわれた。三王来朝の日（一月六日）にはすでに行事の長が選ばれる。これは一般に経験を積

（2）「円盤」には丸形と四角形があり、ここでは四角形。五四頁参照。

（3）フィンチガウは現イタリア領（ヴェノスタ）で、メラーノから西へ細長く延びる渓谷。二二頁註2参照。

▲チロルの「円盤投げ」（1882 年） 19 世紀末の銅版画

んだ声望のある若者がなり、彼の命令には絶対的に服従される。この長の仕事の振り分けに応じて若者たちは、材木を集め、藁束を求める。またお祭りの中心になる「騒ぎ棒」（Lärmstange）も探し求められる。これは約二〇メートルもの高さの柱であり、丘の上では、柱を立てるための穴が掘られる。この柱には同じく二〇メートル位の長さの横木が取りつけられ、十字形を作りその両端にまた二本の柱を立てる。木の部分はすべて藁が巻かれ、十字の所にロザリオが掛けられる。午後四時頃、下の教会でロザリオの祈りが終わると棒十字が起こされ立てられる。その間、円盤も準備される。これには二つの型があり、円い材木から切りとられた丸形と、四角い材木から切り出された四角形があるが、四角形の方が、良く飛び長く空中にとどまるのでより多く使われる。谷間からアヴェマリアの鐘が響いてくると円盤投げが開始される。行事の長が「騒ぎ棒」に火をつける。若者たちはそのまわりに立って「お告げの祈り」（Engelsgruß）を唱える。次いで直径一メートル位の藁の球に火をつけ、丘を転がり落とさせる。若者が二、三人、二〜三メートルの長さのハシバミの若枝に円盤を刺し、火をつけて振り廻し谷に向って投げあげる。

これは、火の力と、その時の賑やかな物音で悪霊と、禍いをもたらす諸力を除き、成長をつかさどる善霊を呼び起こし、豊饒と繁栄

▲丘の上の「騒ぎ棒」 南チロル、フィンチガウのアイルス／左上は「四角い」円盤（オーストリア、ケルンテン地方）

を呼び込もうとするのである。

❖車輪落とし

円盤投げと並んで、「車輪落とし」（火車）の行事もよく行なわれた。これは車輪のまわりに藁束を巻きつけ、車軸の中に挿し込まれた棒に火をつけて長い斜面を転がり落とす行事である。車輪が山の上で点火されると、子供たちが歓声をあげ、車といっしょに山を下り、燃える松明を振りながら畑の上を走り廻る。火の照らす所、その土地は稔り豊かになるからである。ヘルスフェルト近傍では火車が山を下っている間、「亜麻が長く育ちますよう」と祈り、またチロル地方ではこの習慣を「穀物目覚まし」(Kornaufwecken)という。

円盤投げは一〇九〇年にその記録がすでに存在している。この年ロルシュの壮麗な教会や僧院[3]の大部分が円盤投げで焼失したからである。今ではこの風習は禁止されているが、チロル地方ではいまなお秘かに行なわれている。それを止めれば災いがもたらされ、不作となるからである。

▲ランゲンタールの車輪落とし（懺悔火曜日に行なわれた）　古い絵葉書より

（3）ロルシュ（Lorsch）修道院は、七六四年創設の古刹。帝国修道院として中世初期から盛期にかけて栄えた。ヘッセン州、ヴォルムスの南方三〇キロほどのところにあり、楼門と建物の一部が現存。

■喜びの主日／レターレ（四旬節の中日、第四日曜日）

Lätare

「レターレ」（Lätare）は「喜べ」という意味で、この日教皇が黄金の薔薇を奉献するので「薔薇の主日」（Rosensonntag）ともいわれる。この日は、「イザヤ書」の詩句の中の「レターレ」の言葉で[1]、ミサの序の祈りが始まる。しかし教会的な色彩は、この日の民間行事には余り濃くなく、むしろ春と夏の到来を祝う民間の喜びの祝い事でこの日はすごされる。

❖夏迎えの日

「冬と夏の戦い」はファスナハトの期間中にも行なわれたが、この行事はまた、プファルツ地方などではレターレの日曜日に好んで行なわれた。冬は藁を身にまとい、夏はキヅタを身につけた少年によって表わされる。彼らは互いに戦うが、夏が常に勝利を収める。勝利を収めた夏は、厳かに村を行列する。その後には、ブナの枝で環を作り、リボンで飾り、さらに卵やブレーツェル等を先にぶら下げ、夏棒を捧げた子供たちが続いた。

チューリンゲン地方でも、「アイゼナハの夏迎え」は数百年の伝統を持つ

■灰の水曜日の二十五日後で、復活祭の二十一日前。六週間余にわたって続く四旬節の、ほぼ中間にあたる（三月二日～四月四日／復活祭の日に連動して移動）。

冬を送り出す「夏迎えの日」（Sommertag）と呼ばれることもある。

英国では「母親訪問日」（Mothering Sunday）とも呼ばれ、里帰りが許される日として待たれたという。

（1）「イザヤ書」六六章一〇節「エルサレムと共に喜び祝い／彼女のゆえに喜び踊れ」のラテン語訳、laetare ... によるという。Lätare-tag などとも呼ばれる。

▲ハイデルベルクの「夏迎えの行列」（58頁も参照）

◀縛られて馬車に載せられる白髪頭の「冬」（アイゼナハの夏迎え）

もので有名であった。復活祭のウサギや小鳥、カエル、蝶に仮装し、手に手に美しく飾った春棒をもつ大勢の子供たちにかこまれて二台の車が、正午にマルクト広場から出発する。一台には白髪頭の人形が乗せられ、一台は夏の象徴として樅の木で飾られていた。冬は町の外れに置き去られ、夏の車には美しく飾った樅の木を乗せて焼き払い場に進む。ここにも色とりどりに飾られた高い樅の木が立てられており、冬の象徴として行列の先頭に運ばれた藁の外套がここで焼き払われた。

ハイデルベルクでも今日なお、子供たちが夏の衣装を身につけ、ハシバミの若枝をスミレで飾り、卵、リンゴ、ブレーツェルを下げた春棒を持って夏迎えの行列をする。夏迎えの時に使用した棒、鞭、小さな木などには祝福の力があり、中部シュレージエン地方の人たちは飾りのついた樅の枝を牛小屋の戸、または堆肥の上に挿した。

❖死神払い

レターレは夏迎えの日であり、かつまた死神払いの日でもある。藁人形で作られた冬を表す死神が村中をひき廻され、最後に村の外れで、石で打ち殺され、埋められるか焼き払われるか、川に流された。人々は死神に石や棒を投げつける。もし当たれば、この年、彼は死神から逃れることができる。人形の白い布は、最も近い時期に死者を出した家から提供される。人形の一部をニワトリの巣に入れると卵を良くかえすし、行列の時、死神を運んだ棒で牛を叩くと牛はいつまでも健やかである。しかしその人形がもち込まれる

▲さまざまな「春棒」が並んだ夏迎えの行列
（ハイデルベルク）

所、そこには死が訪れる。それゆえ村境では殴り合いになる事もまれではなかった。シュレージエン地方の人たちは、人形を川に流す時、われ先に急いでその場を逃れた。最後に逃げる人を死神が捉えるからである。したがってレターレはまた、「死の主日」（Totensonntag）——シュレージエン地方やイン地方——あるいは「黒い主日」（Schwarzer Sonntag）といわれ、不吉の日とみなされ、洗礼を受けてはならなかった。

▲夏迎えの日に町をめぐるニュルンベルクの「死の乙女」
J. トラウトナー（1818 没）の銅版画

受難週　（復活祭前、**四旬節**の最後の一週間）　Karwoche

枝の主日
洗足木曜日
聖金曜日
聖土曜日

四旬節の終わりを成すのは復活祭前の最後の一週である。それは枝の主日（棕櫚の主日）で始まり、復活祭前夜で終わる。民衆の間では、受難週は「静寂の週」（stille Woche）、「大いなる週」（große Woche）といわれ、また「悲しみの週」（Trauerwoche）、「苦難週」（Marterwoche）、「受難週」（Passionswoche）などともいわれる。

枝の主日のあとの、「曲った水曜日」（krummer Mittwoch）――この日、福音書によればキリストに裁判官が死刑を宣し、したがって法律を曲げた――に

▩復活祭に先立つ一週間。四旬節の最後の七日間にあたり、伝統的にとりわけ節制・禁欲が重んじられた期間。枝の主日から聖金曜日まで。「聖週間」などとも。

Karwoche の Kar は「嘆き、悲しみ」あるいは「贖罪」の意という。

復活祭の日に連動して移動し、最も早い年は三月十五日から三月二十一日まで。また最も遅くなる年は、四月十八日から四月二十四日まで。

鐘が鳴り納めとなったのち、復活祭前日の正午まで、悲しみのしるしとして鐘は鳴らされない。「すべて鐘はローマに行く」と言われている。人々は静かにキリストの苦難をしのび、その死を悲しむ。礼拝や一日の時を告げるのは、鐘に代わって「鳴子」（Klapper）や「ガラガラ」（Rätschen）で行なわれた。それは塔の上で、教会の広場で鳴り響かされた。その役目は子供たちで、彼らはその代わり復活祭に卵やお金を集めにゆく。

昔はこの週は、商いも、農作業も休み、仕事は行なわれず、奉公人もお休みがもらえた。人々はこの週、特別な寛容さで、貧しい人たちに施し、犯人を釈放し、他人に優しく、心暖かい振舞をみせた。この週に雨が降ると、自然もまた、キリストの死を泣き悲しむと考えられ、この週に偽証した人は、彼の手が、その死後、墓から茨のしげみとなって生えて来ると信じられた。

◀バイエルンの受難週
19世紀の銅版画
1 聖土曜日に復活祭の火をおこす（左上）
2 「ガラガラ」で時を告げる（右上）
3 「復活祭の卵」を埋める（右中段）
4 「聖墓」をたずねる（下）

■枝の主日

（受難週の初日、復活祭直前の日曜日）

Palmsonntag

この日、キリストがエルサレムに迎えられたのを記念して、教会は喜び祝う。エルサレムの人たちは棕櫚[1]を道に撒いてキリストを迎えた。ローマの教会ではこの日棕櫚の清めの習慣がある。清めの水を撒きながらロウソクに灯をともし十字の印を切って棕櫚を清める。その棕櫚はお参りの人たちに分けられる。棕櫚がない国、たとえばドイツではヒイラギ[2]、ブナ、杜松《ネズ》、イチイ、樅、柳、ハシバミ等、常緑の木が主に使われる。

❖棕櫚の花束

ブライスガウやバーゼルの近郊では、前週の月曜日に村の子供たちは、森や山に出かけヒイラギの枝を取りに出かける。赤い実のついたヒイラギをみつけると喜びは大きい。この果実はいわゆる「棕櫚の花束」の最も美しい飾りとみなされるからである。それから子供たちはこの花束用に樅の木を切る。枝の主日の前日の夕方、樅の木は地下室から取り出され、幹の皮がむかれ、上部に可愛い冠が残る様にして他の枝は切り払われる。その間さらに杜松や

■復活祭の七日前。棕櫚の主日、聖枝祭などとも。最も早い年は三月十五日。また最も遅くなる年は四月十八日。

（1）キリスト教系の訳語としての「棕櫚」は通例、ナツメヤシのことを指す。前出、四八頁の註参照。左図は南欧のナツメヤシによる「棕櫚の木」（右：バルセロナ／左：パレルモ）

（2）厳密にはモチノキ科のセイヨウヒイラギ（*Ilex aquifoium*）。日本でいうヒイラギ（モクセイ科）に葉の形は似るが別の科に属する、分類上はかなり縁遠い植物である。以下同。

▲棕櫚の木
タウル（オーストリア、チロル地方）

▶棕櫚行列
ホーホドルフ（スイス、ルツェルン近郊）

ブナの枝が取ってこられ、それらは樅の木の頂で内側に向って曲げられ、色鮮かな絹のリボンで結ばれる。出来あがるとこの「棕櫚の木」は家の前に立てられる。

枝の主日の当日、礼拝の鐘が鳴り始めると子供たちはその木を携えて教会を訪れ内陣に立てかける。それを神父が祭壇の階段から祝福し、清めの水をふりかける。そのあとその木を持って教会の周囲を廻る行列を組み、家に持ち帰って庭に立てておく。その木は復活祭まで立てておかれた。東部ドイツでは柳やハシバミの枝を主に棕櫚の代わりに使用した。家に持ち帰った柳の穂花を家族の者が食べると一年中無事息災といわれた。バイエルン地方のオーバープファルツの村では家長は、「棕櫚」が教会から持ち帰られるまでは何も喰べないでいる。清められた「棕櫚」から三箇の穂花を取り、噛まないでのみ込む。それは一家に健康をもたらすと信じられた。この「棕櫚」の緑の枝は魔女や森の妖精を防ぐのに役立ち、人々は木の皮から五星の形を作りベッドに打ちつける。また、小枝は鏡、十字架のそば、屋根の下などにも置かれ、雷雨の時にはかまどで燃やすと良いとされた。家の礎石を置く時には敷地の四隅におかれ、五月一日の家畜追い出しには、バーデン地方ではこの小枝が用いられた。

❖「棕櫚のロバ」の行列

今ではほとんど言い廻しの中にしか残っていないが、ロバの行列はチロルのインスブルック近郊のタウルで、実際にみることができる。枝の主日の午後早く、タウルの棕櫚の行列が教会から出てゆく。等身大の救世主の像をロバに乗せて人々はそのあとに従う。行列は牧草地を通りロメディ教会に向い、そこで祝福と祈禱の後、タウルの教会に引き返す。今日では「棕櫚のロバ」(Palmesel)はこの日、朝寝して棕櫚を教会に持参するのが最後になった人の仇名であり、チロル地方では、無器用に大きな「棕櫚の木」を運ぶ人をこう名づける。枝の主日に新しい衣服を身に着けて教会に行く風習が一般的にあり、バイエルン地方ではこの風習に反した人に、「棕櫚のロバ」としてチョークでロバのしるしの型絵を押した。

◀棕櫚のロバ
ハル・イン・チロル
(インスブルック近傍)

▲タウル（チロル）の「棕櫚のロバ」の行列

❖プロテスタントの「枝の主日」

ドイツのプロテスタントの地方では、枝の主日に堅信礼を受ける人たちの聖別または初聖餐式が行われる。これは十八世紀に初めて一般的に導入された。堅信礼を受ける女の子は髪に冠をつける。男子は右腕か胸に花束をつける。南ハルツ地方の村では、端が土に触れるばかりの長い綺麗な絹のリボンのついた花束を帽子の横につけた。牧師や先生のところへ、マンネンロウの枝、ミルテの小枝、オレンジが持参される。牧師館、学校、教会の扉は、花飾りで装われ、堅信礼を受ける子供のいる家の前には若い樅の木が立てられた。

■洗足木曜日（受難週の第五日）

Gründonnerstag

■復活祭の三日前。最も早い年は三月十九日。また最も遅くなる年は四月二十二日。英語ではMaundy Thursday（洗足式の木曜日、の意）。

静かな受難週の第五日は「洗足木曜日」といわれ、キリストが最後の晩餐の時、使徒の足を洗ったことを記念する日である。「緑の木曜日」（Gründonnerstag）というドイツ語での名称は、十二世紀からのものであるが、この日はまた「赦罪日」（Antlaßtag）ともいわれ、教会から破門された人たちに教会への再復帰が赦された。彼らは受難週の間、礼拝の度ごとに懺悔服を着て教会の扉の所に立たねばならなかった。しかし再復帰出来るこの日には、春の緑色で装わねばならなかった。彼らは緑の人と言われ、彼らが受け入れられるこの日は「緑の人たちの日」（dies viridium）と呼ばれた。「緑の木曜日」はこれに由来するといわれる。

❖鐘の代用品

洗足木曜日にはイエスの橄欖山（オリーブ山）の時[1]を記念して深く祈禱するのが習わしであった。チロル地方では人々は庭に集まり一時間もの長いお祈りを行なった。この日から鐘は鳴らされず鐘の代わりに「ガラガラ」が登場

（1）キリストが最後の晩餐の後、オリーブ山のゲッセマネで弟子たちとともに祈った故事をさす。「マタイによる福音書」二六：三六以下などを参照。

する。しかし今日では夕べの礼拝が導入されたので聖金曜日と聖土曜日が最も激しい「ガラガラ騒ぎの日」となっている。

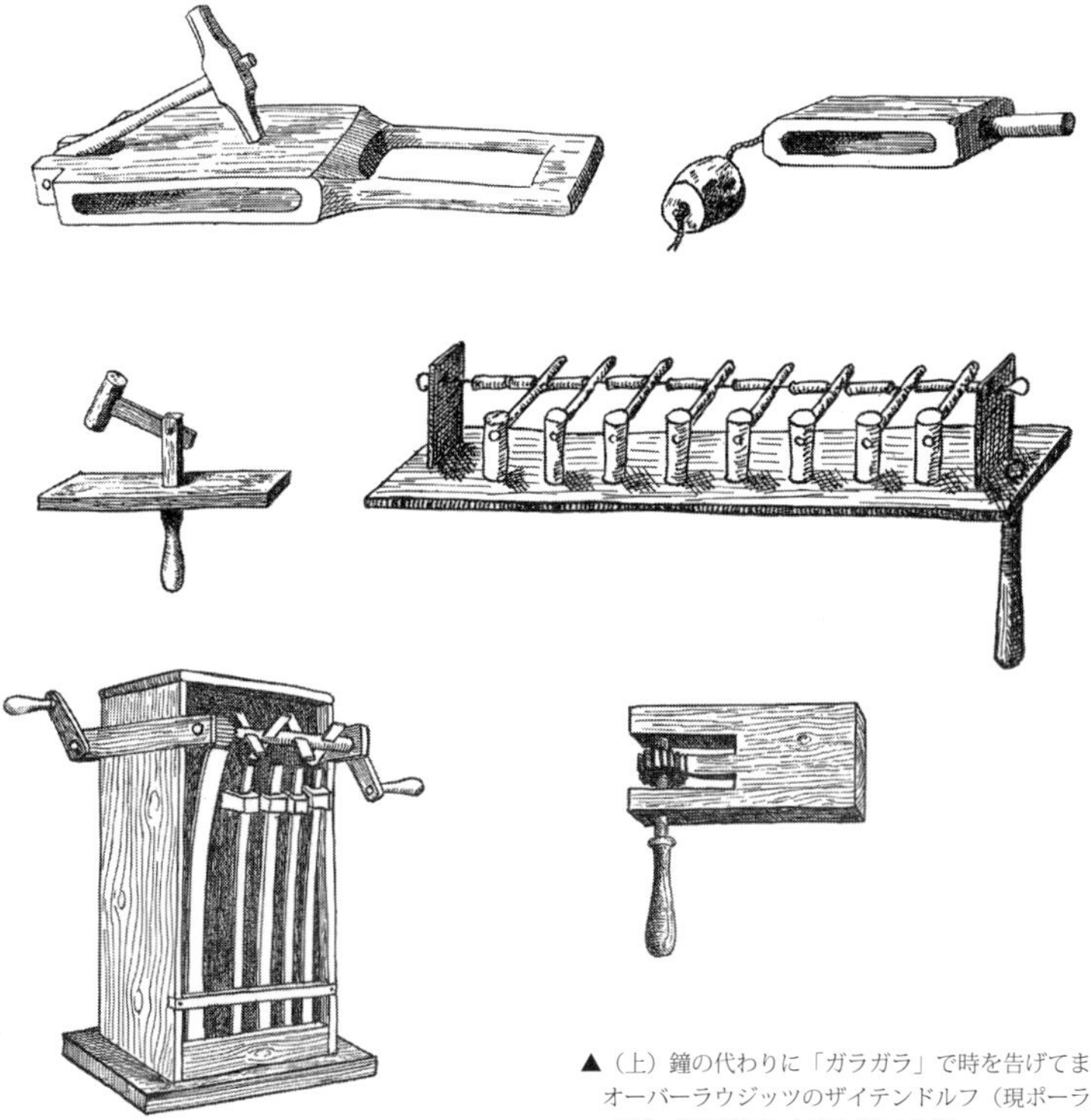

▲（上）鐘の代わりに「ガラガラ」で時を告げてまわる子供たち
オーバーラウジッツのザイテンドルフ（現ポーランドのザトニエ）
（下）さまざまな「ガラガラ」６例

❖緑の食物

この日ドイツでは緑の木曜日にちなんで緑の食物をとる習慣がある。この食事をたべると、一年中健康で金銭で困る事がない。ハンブルクとアルトナでは七種の薬草を使うスープが作られ、ヘッセン地方、ザクセン地方、それにオーバープファルツ地方のノイマルクトでは九種類の野菜、薬草が煮て食べられた。チロル地方で好まれた薬草は、パセリ、オランダセリ、オランダミツバ、ホウレンソウ、スイバ、サラダ菜などである。

❖「ユダのパン」

また最後の晩餐を記念して昔は、貧しい人たちに白パンが配られた。この日にはまた特別製のパンが焼かれた。例えばボヘミア地方では、ホウレンソウが詰められた油揚げパンが作られた。「ユダのパン」(Judasbrötchen)、「ユダの耳」(Judasohren) と名付けられるパンが各地で焼かれ、中部ドイツでは蜂蜜がこの日好んで食べられた。

❖卵に力が宿る

この日にとれた卵は特別の力がある。南ドイツの信仰によると、この卵は肉体の傷から身を守り、幸いをもたらす。この卵からかえった鶏は毎年色が変わり高い声を出すとヴェストファーレン地方の人々は信じた。教会でこの

▲「ガラガラ」を手にして並ぶ子供たち　ディゼンティス（スイス、グラウビュンデン地方）

日の卵を透かしてみると、村の中にいる悪魔が見分けられるといわれた。

チロル地方のプラクス[2]では、落雷から守るために屋根の上にこの日の卵を投げあげる。プファルツ地方ではこれは復活祭の当日に清められた卵で行なわれる。

❖種まき、水汲み、断食

オーデンヴァルト[3]やヘッセンのヴェッテラウ郡、それに北ドイツの一部では、この日に種まきが行なわれた。鐘の響く間に種まきは行なわれる。一方チロル地方では「洗足木曜日には穀物を作ってはならない。この日には何も成長しない」との言い伝えがある。ホルシュタイン地方では泉や井戸から薬効のある水を汲む風習があった。ライン河畔では、この日に断食すれば一年中歯痛に苦しむことはないといわれた。

(2) プラクス(Prags)は南チロル、現イタリア領のブラーイエス(Braies)。

(3) ヘッセン、バイエルン、バーデン=ヴュルテンベルクの三州にまたがる山地。

■聖金曜日（受難週の第六日）　Karfreitag

■復活祭の二日前。
　最も早い年は三月二十日。また最も遅くなる年は四月二十三日。
　英語では Good Friday の呼称が一般的。

受難週のうちで最も大切な日が聖金曜日、キリスト受難の日である。この日には様々の名前がある。「良き金曜日」（der gute Freitag）、「静かな金曜日」（der stille Freitag）、「血の日」（Bluttag）、「受難の日」（Martertag）、「十字架の日」（Kreuztag）などである。この日、多くの家庭では肉食はとられず、魚とクッキーがとられるのみである。

この日は自然もキリストの死を悲しみ太陽は姿をみせず、樹木は枝をたれるといわれる。アンマーラント地方[1]では、洗足木曜日に磨かれた食器を聖金曜日まで籠の中に収っておく。それが悲しみの日に輝くことのないようにである。この日には動物を殺してはいけないし、飲物をとってもいけない。キリストが十字架の上で渇きに苦しんだからである。旅行、裁縫、洗濯はいけない。新しいシャツも着てはいけない。

（1）北ドイツ、ニーダーザクセン州オルデンブルク北西部一帯に拡がる砂地。

❖種まきや苗植え

この日、洗足木曜日と同様に、庭に囲いをしたり、種まき、エンドウ、タ

▲「悲しみの聖母」像を奉じる聖金曜日の行列
バート・エムス（コブレンツ近傍）

▶十字架、受難具などを捧げ持つ聖金曜日の行列
ディゼンティス（スイス、グラウビュンデン地方）

▲（上）「断食の布」 シュタイネン（バーデン地方）、郷土博物館蔵
（下）祭壇を覆う「断食の布」 ミルシュタット修道院聖堂（オーストリア、ケルンテン地方）

マネギ、花などの苗植えが行なわれる。チロル地方ではこの日の朝早く、農夫は畑に霜が降りているかどうかをみるため、家の前に出る。聖金曜日に霜が降りていなければ、この年、果物は霜害に襲われる事はないとされる。

❖断食の布、聖墓のしつらえ

聖金曜日、十字架が祭壇の上に置かれる時、チロル地方のプフンツの人たちは灯明をともし、穀物と揚げ菓子、パン、肉、卵を供える。灯明は、卵の殻にラードを詰め、芯を中に入れた手製のものである。その灯明は一晩中燃える。祭壇には「断食の布」(Hungertuch)がかぶされる。またチロル地方の教会内には、番人や兵卒までも配置された見事な聖墓が作られ、その周囲には花壇、背景にはゴルゴダの丘、十字架が作られる。昔はこの日、厳かで盛大な行列が行なわれた。シュランデルンス[2]では、葬儀の時の音楽が奏でられ、マルスでは「主よ、この方に永遠のやすらぎを!」と祈り歩いた。

この日の卵、パン、水には治癒力があり、卵も腐ることはない。この卵は賭けの時、幸運をもたらし、妊婦にも良い。また、それを使って溺れた人を発見することができる。男子を産もうとすれば、この日の卵を飲むと望みがかなう。チロルでは家畜の為に「苦難のパン」が焼かれ、聖金曜日の水は、卵とパンの性質を持つ。真夜中に水は血に変わると信じられているからである。

(2) シュランデルンス(Schlanderns)および次行のマルス(Mals)は、いずれも南チロル、フィンチガウ谷の小邑。イタリア名はそれぞれシランドロ(Silandro)、マッレス・ベノスタ(Malles Venosta)。

＊

この日、精霊、夜の軍勢、木の精、鬼火が集い合い、沈鐘が鳴る。また地下の宝物が出現する日でもある。

聖金曜日に雨が降ると、一年中雨が降ると人々は信じた。チロル地方のフィンチガウではケシの種がまかれ、シュランデルンスでは亜麻が蒔かれる。しかし一般には犂をひいてはいけないし、溝を掘ってもいけない。イエスが大地で休らっているからである。

▲野外での受難劇の会場へと向かう行列　ルンブライン（スイス、グラウビュンデン地方）

■聖土曜日／火の祝別（受難週／四旬節の最終日）Karsamstag / Feuerweihe

聖土曜日に四旬節は終わる。昔は夕方の復活の時に、今日ではたいてい午前の厳かなミサ「グロリア」の時に、大小の鐘、教会の中の小さな鐘にいたるまで、ことごとく打ち鳴らされる。この日ローマから鐘が帰ってきたと人々は信じた。

❖「復活祭の火」

聖土曜日の早朝、教会のロウソク、ランプはすべて消され、墓地などで、鋼や水晶でもって新たに「復活祭の火」がともされる。この火でもって再び教会内のロウソクが灯される。シュレージエン地方では、鐘つき男が、最後のロウソクをこの日の早朝に消した。彼は赤いチョッキを着、ユダとして現れ、子供たちによって大騒ぎの中で教会から追い出されるのである。人々は木片を持って教会に参り、新たな火を持って家に帰りかまどの火を新たにする。インスブルック地方では、炭が家に持って帰られ、火のついた薪が十字の形で畑に置かれた。チロル地方のシュピスでは、炭が三王来朝の日の塩に

■復活祭の前日。
最も早い年は三月二十一日。また最も遅くなる年は四月二十四日。

混ぜられて牛に与えられた。

❖「ユダ焼き」

またこの日、「ユダの火」もしくは「ユダ焼き」の行事がある。南チロルのマルスでは、墓地の古い木の十字架、屍板[1]、木片、枯れた花環、卵の殻などが焼かれた。これが「ユダ焼き」(Judas-verbrennen) である。炭は小さく砕かれて粉にされ、人々はそれを奪いあった。南チロル地方のリッテン尾根やバルビアン[2]では、一メートル位のハシバミの棒が束ねられ、復活の火で焦がされた。束をほどいて、畑や野原に一本ずつ立てられ、犂によって畑に最初の溝が掘られると、その棒はそこに埋め込まれた。

❖清めの水

初期キリスト教では、復活祭と聖霊降臨祭の前日にのみ洗礼が施された。それゆえ今日なお、この日には特別に洗礼の水が清められる。昔も今も信者は瓶や灌に入れた水を持参し清めてもらう。その他、塩、パン、卵なども清められる。悪夢に苦しむ子供にはこの水を飲ますと良いとされる。木や花に

▶ユダ焼き

(1) 八〇頁の図版参照。
(2) バルビアンはブリクセンとボーツェンの中間に位置し、イタリア名バルビアーノ (Barbiano)。リッテンはその西南に横たわる尾根。イタリア名レノン (Renon)。

▲聖土曜日の夜、「復活祭のウサギ」が配る卵に絵を描くウサギの一家　1886 年の銅版画

もこの水をやる。新鮮な復活祭の清めの水で洗礼されると賢くなるが、未婚の母の子には注いではならない。

❖一日早い復活祭

いよいよ翌日は復活祭である。しかし東チロル地方、トゥルン近郊のヘレーネ教会では、聖土曜日の午後に早くもパン施しの行事が行われる。

この日の午後、聖墓の前で役僧が悲しみにみちた「ロザリオの祈り」を唱え、一同はそれに続いて敬虔に祈る。役僧は墓の中に横たわる主の遺骸を布に包み、その像を持ちあげる。彼はその像をもって墓の囲りを三度巡り、復活したキリストを聖墓の上に置く。信者は「キリスト、よみがえり給う」を歌い、次いで栄光にみてるロザリオの祈りと御告げの祈りがなされる。人々は聖物納室の前に並び聖パンをもらい、祭壇を廻り教会を去ってゆく。しかしほとんどのカトリック信徒は、翌日、復活祭を祝うのである。

◀バイエルンの屍板（Totenblatt）
元来は死者を納棺まで安置しておく板。
埋葬後、死者の名や命日、祈りの文句などを書き添えて、
路傍の十字架や橋、礼拝堂のそばに立てられた。
バイエルン東部、ボヘミア西部、オーバーエスタライヒなどに多い。

春

［四—六月］

▲復活祭前（受難週）の習俗さまざま

（左上から時計まわりに）「棕櫚の枝」売り／野外で遊ぶ女の子たちとローマに飛んでゆく鐘／洗足

卵ぶつけ遊び／教会の聖旗運び／スミレを買う／教会にお参り／雇い人／ガラガラを鳴らす／郷士の帰郷（中央）

■復活祭

（春分後の最初の満月の次の日曜日）

Ostern

復活祭はキリスト降誕祭、聖霊降臨祭とならぶキリスト教の三大節の一つであるが、歴史的にみると、すでにキリスト教以前、古代ゲルマン人たちによって祝われていた春の祭と重なっていると考えられる。冬至祭とキリスト降誕祭の場合にもいえるが、その重なりはもちろん単なる偶然ではなく、様々な意味を含んでいる。少なくとも両者が矛盾なく結びついたことは確かである。復活祭の数々の風習をみていくと、この祭は救世主の復活を祝うためのものだけでなく、何よりもまず、厳しい冬に耐えて再び蘇《よみがえ》った大自然の恵みを喜び祝うためのものであることがわかる。復活祭の朝は東西南北すべての方位から明るくなるとか、太陽は喜んで三度跳躍するとかいった言い伝えの中にも、それは端的に語られているといえよう。ゲーテ『ファウスト』第一部の「夜」の場面と「市門の前」の場面は、復活祭のもつこの二つの側面、すなわちキリスト教的・教会的側面と、大自然と結びついた世俗的側面の両方の雰囲気を味わわせてくれる。

■キリストが受難後三日目に復活したことを記念し祝う、教会暦における最大の祭日。福音書によれば、復活の日は、旧約の過越祭のあとの「週の初めの日」とみなされることから、この時期の日曜日に祝われるようになり、ニカイア公会議（三二五年）において、「春分後の最初の満月の次の日曜日」と定められた。「春分」は三月二十一日に固定して考えるので、最も早い年で三月二十二日、最も遅くなるのは四月二十五日。

復活の主日、イースターなどとも。ドイツ語のオーステルン（Ostern）、英語のイースター（Easter）の呼称は、ゲルマンの春の女神（Eostre もしくは Ostara）の名に由来するともいう。一方ラテン語のパスカ（Pascha）、仏語のパック（Pâques）は、「過越祭」の名をそのまま借りたもの。

▲復活祭の羊（レープクーヘンの木型）

鐘の音と天使の合唱に続くファウストの独白。(1)

なんという深い鐘のひびき、なんという清らかな声だ。
それが抗《あらが》いがたくこの杯をおれの口から引き離す。
あの余韻ゆたかな鐘の音《ね》は、
早くも復活祭のはじまる時刻を知らせるのか。
あの合唱の声は、むかし墓の闇のほとりで
天使の唇から響き出て、新約の基《もとい》をかためた
あの偉大な慰めの歌をうたっているのか。

(七四二一―七四八行)

……

むかしは、天の愛の接吻が、
おごそかな安息日の静寂のなかにおれに降りそそいだものだ。
そのとき鳴りひびく鐘の音は大きな予感にあふれ、
おれの祈りは火と燃えるはげしい歓喜だった。
何かわからぬ甘美な憧れにかられて、
おれは森を野をさまよい歩いた。
そしてとめどなく熱い涙を流しながら、
おれはひとつの新しい世界がおれのために生まれ出てくるのを感じた。
そのときこの歌は、青春の快活な遊びを、

(1) 以下、引用は手塚富雄訳による(『ファウスト 悲劇第一部』、中公文庫、一九七四年)。

春の祭の自由な幸福を、告げ知らしたのだ。

（七七一―七八〇行）

一方では復活祭の日曜日、市門の前を様々な職業の人々が通り過ぎてゆく。職人の従弟、女中、学生、町家の娘、市民、乞食など。この復活祭の散策を楽しむ人の中に立ち、大自然の目覚めの気配を感じてのファウストの独白。

生命《いのち》を呼びさます、やさしい春のまなざしをうけて、
船を浮かべる大河《おおかわ》も野の小川も、氷から解き放された。
谷には希望にみちた幸福がみどりに萌え出ている。
冬は老いおとろえて
さびしい山奥へ退いた。

（九〇三行―九〇七行）

……

あらゆるものに日は、伸び出ようとする力、育つ力をあたえ、
いたるところに生きた色彩をまき散らす。
とは言え、花はこのあたりにまだ咲かないので、
日はそのかわりに晴れやかに着飾った人々をまねき集めるのだ。
どうだ、振り返って、この高みから
町のほうを眺めてみるがいい。
古びた暗い市の門から、

◀復活祭に向けて飾りつけられた民家の玄関
アイゼナハ

色とりどりの人の波が、あとからあとからと繰り出してくる。
だれもが今日は思いきり日を浴びたいのだ。
この人たちは主の復活を祝っているのだが、
それはこの人たち自身が復活したからだ。
低い家のうっとうしい部屋から、
手職や商いの日常の束縛から、
重苦しくかぶさる屋根や破風《はふ》の下から、
両側の家並みがもたれあっているような狭い通りから、
教会の気づまりな暗闇から、
みんなが光へと出てきたのだ。
まあ見るがいい。あんなに活潑に群集は、
野に畑に散ってゆくのだ。
川面《かわも》ではたくさんの小舟がにぎやかに騒ぐ人々を載せて、
上《かみ》へ下《しも》へ、右へ左へ、漕ぎ交わしている。
（九一二行—九三二行）

❖新たに火をともす——教会の火

「受難週」（Karwoche）とか「静寂の週」（Stille Woche）とか呼ばれる復活祭の前の一週間の中でも、中心となるのは洗足木曜日と聖土曜日である。この間

▲復活祭の卵飾り

「ローマに飛んで行って」沈黙していた教会の鐘が、聖土曜日のグロリアの祈りの時、再び明るく鳴りひびき復活祭の始まりを告げる。昔はそれより前、聖土曜日の早朝ミサの始まる前にカトリック教会の前では、火打石で復活祭の火がともされ、それを司祭がきよめロウソクに移した。さらにその火の中で、墓地の朽ちた十字架や枯れた花環、その他使用済みで教会の中に置かれていたものなどが燃やされた。人々はその燃え差しや炭火を家に持ち帰り、それでかまどの火をおこした。それらはまた、豊作や落雷よけのまじないとしても使われた。また南チロル地方などには、グロリアの鐘の鳴っている間に、これらの燃え差しで果樹をたたいたりして豊作を願う風習もあった。

G・カップフハマーの『アルプス地方の風習』によれば[2]、今日バイエルン地方では、聖土曜日に教会により様々な時刻に教会の入口で復活祭の火がともされ、神父が出てきてその火をきよめロウソクに移す。続いてその火で、真暗な教会の中、祭壇のロウソクに点火される。今日ではその聖なる火は復活祭前夜に家に持ち帰られることはなく、たいていは日曜日の朝、復活祭のロウソクで薪の山にあらためて点火され、その火をブナの木切れを束ねて作った火口などに移して家に持ち帰るという。

(2) Kapfhammer, S.205.

◀「復活祭の火」を持ち帰る少年
コッヘル（オーバーバイエルン）

❖丘の上の祝火

昔はこの教会の復活祭の火とは別に、聖土曜日の夜または復活祭の日の夜、丘の上でも復活祭の火が燃やされた。南ハルツの復活祭の火についてのある神父の思い出の記がその雰囲気をよく伝えているのでその一部を引用してみよう。

復活祭の午後の礼拝が終ると、子供たちは「教会がひらけました。復活祭のたきぎを出して下さい」と叫びながら、とても大仕事をするかのように、一軒一軒まわって、木切れや藁、古ぼうき、タール樽などのがらくたをいっしょうけんめいに集めてまわった。とっくに忘れられていたクリスマス・ツリーも、かつてのあれほど輝かしい存在を薪の山の上で終えることになる。子供たちが集めにきた時に嫌な顔でもしようものなら、その人は大変な目にあった。歌をうたってからかわれ、義務を怠ったことをみんなに知らされた。日が暮れるとみんなで近くの丘

▶祝火の火柱と松明の炎が描く円

に登っていった。そこにはすでに薪の山が用意されており、やがてその薪の山をながめながら、炎が勢いよく燃えあがり、濃い煙が谷間に流れ込む。今や子供たちは何日も前から用意していたピッチの松明に長い棒をつけてその火の中につっこんで点火し、それを空高く振りまわしながら輪になって踊る。やがてあちらこちらの丘の上にも、近隣の村々の火が見えてくる。かくして丘と丘を結んで復活祭の火が次々と燃えあがり、それを子供たちの振る松明の灯が無数のホタルのように取り巻いて、炎の饗宴がくりひろげられる。それは子供たちの心に忘れがたい印象を残すものであった。復活祭の火が燃えつきると、私たちの信心深い親は、その火の中で焦げた棒ぎれを忘れずに家に持ち帰り、家畜の健康を願って家畜小屋の水飲み桶の中に入れ、灰は畑にまいて豊作を祈った。(3)

(3) Fehrle, S.58.

❖お水取り

火とならんで復活祭の水も神聖で浄化の力をもつものとされ、そこから様々な風習が生まれた。たとえば、この夜おりた露を亜麻布に集めて顔を洗って美しくなろうとしたり、アイゼナハなどでは馬にこの日の夜露にあたった麦を食べさせたりする風習があった。夜露にぬれた草をなでた手にもすでに浄化の力があるとされていたし、日の出前

▲復活祭を祝う「車輪落とし」の準備　リュクデ（ヴェストファーレン）

に裸で草地の露の上を転がる人もいたという。

復活祭の水汲みも北ドイツ全体にわたって広く行なわれていた風習である。娘たちは深夜の十一時から十二時の間に、または所によっては日の出前に、小川に復活祭の水を汲みに行った。その際、口をきいてはならず、また水は流れにそって汲まねばならなかった。この水の効用については地方により様々なことがいわれている。たとえばチューリンゲン地方では、それを飲めば一年中おなかの病気にかからず、それで顔を洗うと眼病に効き、そばかすなども消えて顔が美しくなるといわれていたし、ヴェストファーレン地方では、それで顔を洗うと日焼けしないといわれた。さらにハルツ地方を中心に、復活祭の前夜、真夜中には小川の水が一瞬ワインにかわるという言い伝えさえあり、この奇蹟を確かめんものと、小川のほとりに腹ばいになり、水面に舌をつけていた人がいたというのもほほえましい。カトリック教会の洗礼用の聖水も復活祭に新しくきよめられ、信者たちはその水を水差しや瓶に入れて持ち帰り、家を災いから守ったり豊作のまじないとして使うことが許されている。

▶復活祭の「お水取り」
銅版画、R. ピュットナー、1892 年

❖若枝たたき

この日に生命の若枝でたたく風習も、ノイマルク地方[4]やドイツの東部を中心に広まっていた。柳の若枝を束ねて作った鞭がリボンで飾られ、神聖なものとして扱われた。子供たちは復活祭の朝、朝寝坊を、特に婦人や娘たちをこの鞭でたたいてベッドから追い出して歩き、あるいは通りで出会う人々を打ち、その祝福の礼として、もてなしを受けたり卵をもらったりした。

❖復活祭の卵

復活祭と切り離して考えることのできないのは、卵を中心にした数々の風習である。「キリストは復活祭の日の朝、ひながとじこめられていた卵の中から出てくるように墓の中から現れ出た」[5]といったように、復活祭の卵を復活した救世主の象徴とみる解釈もあったが、この卵をめぐる風習はすでに古代ゲルマンにもみられたものであり、自然が再び蘇ったこの時期に、自然の贈り物として非常に重要な卵を贈り合ったという。R・バイトルの『ドイツ民俗学事典』によれば、この風習が民衆の間に広く行なわれるようになったのは、聖土曜日の朝、教会で行なわれる卵とその他の食物の清めが九世紀から十世紀頃、ローマ定式書の中にとり入れられたことにある。それは卵というものが「生命と生命の復活の根源的シンボルであり、その最も明白な担い

(4) 旧ブランデンブルク辺境伯領の東部(オーデル川以東)を指す。現ポーランドのルブシュ県のあたり。
(5) Reichhardt, S.123.

▲入念に装飾をほどこした、「贈り物」としての「復活祭の卵」

手」（A・シュパーマー）であるからであり、古代民族や原始民族の間でも魔法の薬、供物、副葬品として使われていたからである。

さらには古くは教会が定めた、四旬節に食べてはならない食物の中に卵も入っており、この日の清めを受けた後ではじめて食べることが許されたという事情も加わった。復活祭の朝、家族全員がそろって、肉やその他の食物とともに教会で清めを受けた卵を、その一年の健康と幸福を願いながらおごそかな気持で口に運ぶ。洗足木曜日と聖金曜日にとれた卵が特に効き目があるとされた。

家を新築する際に敷居の下に卵を埋めこんだり、棟木の下に入れたり、最後の麦束の中に束ね込んだり、卵の殻を亜麻の種の中に混ぜたり、畑に卵を埋めたり、畑を鋤く時、その卵の上に鋤を通したり、鋤く人がその仕事にかかる前に卵または卵ケーキを一個食べたりする風習のもとには、生命力の象徴としての卵によって、あらゆる災いを防ぎ、五穀豊穣を願う気持があると言える。

❖卵遊び

さらにこの日、草地や丘の上で行なわれる様々な卵遊びも、その起源をたどれば、牧草地に豊饒力を与え成長を促す一種の儀式であったと考えられる。たとえばニーダーラウジッツ地方(6)では、丘の麓に三角形が描かれ、その頂点

▲復活祭の卵拾い競争　銅版画（1634年）

に親卵を置き、丘の上から子供たちが順番に卵をころがしてそれに当てる競争をした。また空高く果樹の上を越して卵を投げる競争もあった。

このほかにもよく行なわれた卵遊びには、地方によって呼び名は違うが、固くゆでた卵を軽くぶつけ合って、こわれなかった方が相手の卵を手に入れる遊びがある。またシュヴァーベン地方の多くの地域では卵拾い競争が行なわれた。まず音楽をかなでながら村中を歩いて百個から二百個もの卵を集めて一列にならべる。二つのグループに分れ、一人が一定の目標まで走って往復する間にもう一人がその卵を一個一個拾ってかごに集める。これと類似の遊びが、チロル地方のツァムス、ダルムシュタット近郊のプフンクシュタット、アイフェル地方やヘッセン地方のいくつかの村、スイスなどでも行なわれた。負けた方のチームは卵の代金を払い、大きなケーキを焼いて勝ったチームをレストランに招待しなければならなかった。若者たちは女友達をつれて出席し、夜遅くまで踊ってさわいだ。

❖その他の遊び

「低い家のうっとうしい部屋から……重苦しくかぶさる屋根や破風の下から……みんなが光へと出てきたのだ」とファウストが語るように、この日、人々はさわやかな春風と明るい陽光にさそわれて

（6）ブランデンブルク州南東部、コットブスを中心とする地域。

▲卵遊び　J. G. H. ガイスラーの著書（1805年）より

戸外に集う。村の共有牧草地でくりひろげられる数々の復活祭の遊戯もそこから自然に生まれてきたものであろう。さかんに行なわれたのは、新婚夫婦によって寄付された「花嫁ボール」(中に硬貨がつつみこまれている)や「花嫁ハンカチ」を手に入れるための競走である。

❖耕地めぐり

ザクセン地方やラウジッツ地方などでは、馬に乗っての行列や合唱隊の行列が行なわれた。このいわゆる「耕地めぐり」は耕地に害を及ぼす悪いデーモンを追い払う古代ゲルマンの風習と関係しているが、キリスト教が入ってきてからは、教会はこの行列に別の性格を与え、神父がその土地の人々と耕地をめぐり祝福を与えるようになった。

このキリスト教的性格をもった行列は、プロテスタントの地方では宗教改革と共に消失したが、シュレージエン地方やザクセン地方では、村の青年たちが復活祭の日曜日の日の出前、または午後の礼拝の後、馬に乗って耕地めぐりをする風習や、子供たちが一軒一軒歌をうたいながら巡る風習はながく残っていた。

▶色とりどりの卵と葉環をあしらった
復活祭の泉飾り
オーバーバイエルン

▲復活祭のパン
上：リュクデ（ヴェストファーレン）
下：イーゼルゲビルゲ（ズデーテン地方、現チェコとポーランドにまたがる一帯）

■五月祭　五月一日　Maitag

民間信仰では、太陽が最初の大きな跳躍をするといわれ、最初の春の兆しがみられる二月二日の聖燭節から、四月の終わりまでの期間は、一般に早春（Vorfrühling）として扱われる。いわば冬と夏が最後の支配権争いをしている時期であり、数々の民間習俗もそれと結びついている。ワルプルギスの夜が明けた五月一日からが、民間習俗の上でも一般に「春」として扱われる。この日、マイターク（Maitag）から、復活祭後五十日目に祝われる聖霊降臨祭までの間の数々の民間習俗は、地方地方により、あるいは村々により様々な形をとっているが、それを生み出している源は共通である。それは「すべてを新たにする」五月を迎える喜びの気持、その豊かな恵みを人間にも家畜にも、そして耕地にも移し植えたいという願いである。それぞれの風習が地方により少しずつ違った形をとりながら、そして別な名で呼ばれながら、あるいは五月一日に、あるいはキリスト昇天の日に、あるいは聖霊降臨祭を中心に行なわれるのである。

■今日のごとく「メーデー」が「労働者連帯の日」とされるようになったのは、十九世紀末アメリカの労働運動が発祥（一八九九年、第二インターナショナル創立大会でこの日を「労働者国際連帯の日」とすることが決議されたという）。またカトリックでは一九五五年以来、労働者聖ヨセフを祝う記念日としている。

しかしいうまでもなくこの日は古くから、春分の日と夏至の中間にあたり本格的な春の訪れを祝う日として、はるかに長い伝統を有している。

▲五月柱を立てる（オーバーバイエルン）

❖ワルプルギスの夜

民間習俗の上では、ワルプルギスの夜、すなわち五月一日の前夜は、いわば冬と夏の最後の決戦の時を意味していることが、その翌日にかけての風習からわかる。つまりこの夜が、最後の力を得てあばれまわる魔女たちを追い払い、冬から早春にかけてみられた災いを及ぼす様々な悪霊を退治する最後の努力がされる時であるとすれば、五月一日は決定的な勝利を収めた春の恵みの霊を目ざませ、それを迎え入れる日となっている。

R・バイトルの『ドイツ民俗学事典』によれば、ワルプルギス Walpurgis の名は、アイヒシュテット近郊、ハイデンハイムの聖なる尼僧院長ヴァルブルガ Walburga の名にちなむものである。(1) この聖女は本来、魔術からの保護者として崇拝されたが、その祝日（五月一日）およびその前夜にみられる、五月祭特有の様々な風習により

▲ワルプルギスの夜、ブロッケン山での魔女たちの夜宴
プレトリウスの著書（1669 年）より

（1）ハイデンハイムの聖ヴァルブルガは八世紀の聖人（七七九年没）。アイヒシュテットの初代司教、聖ヴィリバルトの妹にあたり、この時代のドイツへの布教に尽力したと伝えられる。その聖遺物（遺骸）から滲み出る油が、治癒力のある奇蹟の油として貴ばれているという。

（また後には少なからずゲーテ『ファウスト』の「ワルプルギスの夜」の場面の影響もあって）、正反対の意味をもつようになったのだという。

いずれにしてもこの夜は、多くの地方に魔女を防ぐための数々の風習があった。たとえばチューリンゲン地方のシュマルカルデンでは、「ワルパー小僧」（Walpermännchen）が、紙の帽子をかぶりステッキをもって、魔女に変装した少女たちを追いかけた。南ハルツ地方では男の子たちが竹馬に乗って村境まで魔女を追っていった。また日が落ちるとすぐ若者たちが集まり、鞭をならしたり、鉄砲をうったりして大きな音を出し、魔女や悪霊を追い払った。畑には火が燃やされ、その

▶聖ヴァルブルガ胸像型の聖遺物匣と「聖油の奇蹟」の縁起（前頁註参照）を伝えるゴブラン織
アイヒシュテット大聖堂

中で特別に作られた魔女が焼かれた。ドアの前には馬鍬を尖を上にして置き、魔女たちが集会の場所（十七世紀以降はもっぱらブロッケン山）に飛んでいく時に使う箒をかくした。さらには子供のベッドの前にソックスを十字形に置いたり、家畜小屋のドアに十字を書いたり、屋敷に薬草をまいたりして魔女の害を防ごうとした。

❖若枝による祝福

このように魔女や悪霊が最終的に追い払われた後に、自然の恵みに満ち満ちた美しの五月が、様々な民間の風習や行事でもって迎え入れられる。しかもそれが、いろいろと具体的な形をとって村の中へ、家の中へ、そして家畜や耕地の上に導かれるのである。

新しく目ざめた大自然が授ける恵みを、最もみごとに象徴しているものは森の樹木、芽ぶき始めた若枝、特に白樺や樅の若枝である。この日子供たちは手に手に若枝をもって一軒一軒まわって歩き、その祝福の代償としてプレゼントをもらった。白樺の若枝が卵の殻や色とりどりのリボンで飾られている場合もあった。若者たちは娘たちの家の玄関や窓にきれいに飾った若枝を挿した。娘たちにはそれが自慢で、みながその名誉を期待して待っていた。

◀家の前に飾られた若枝

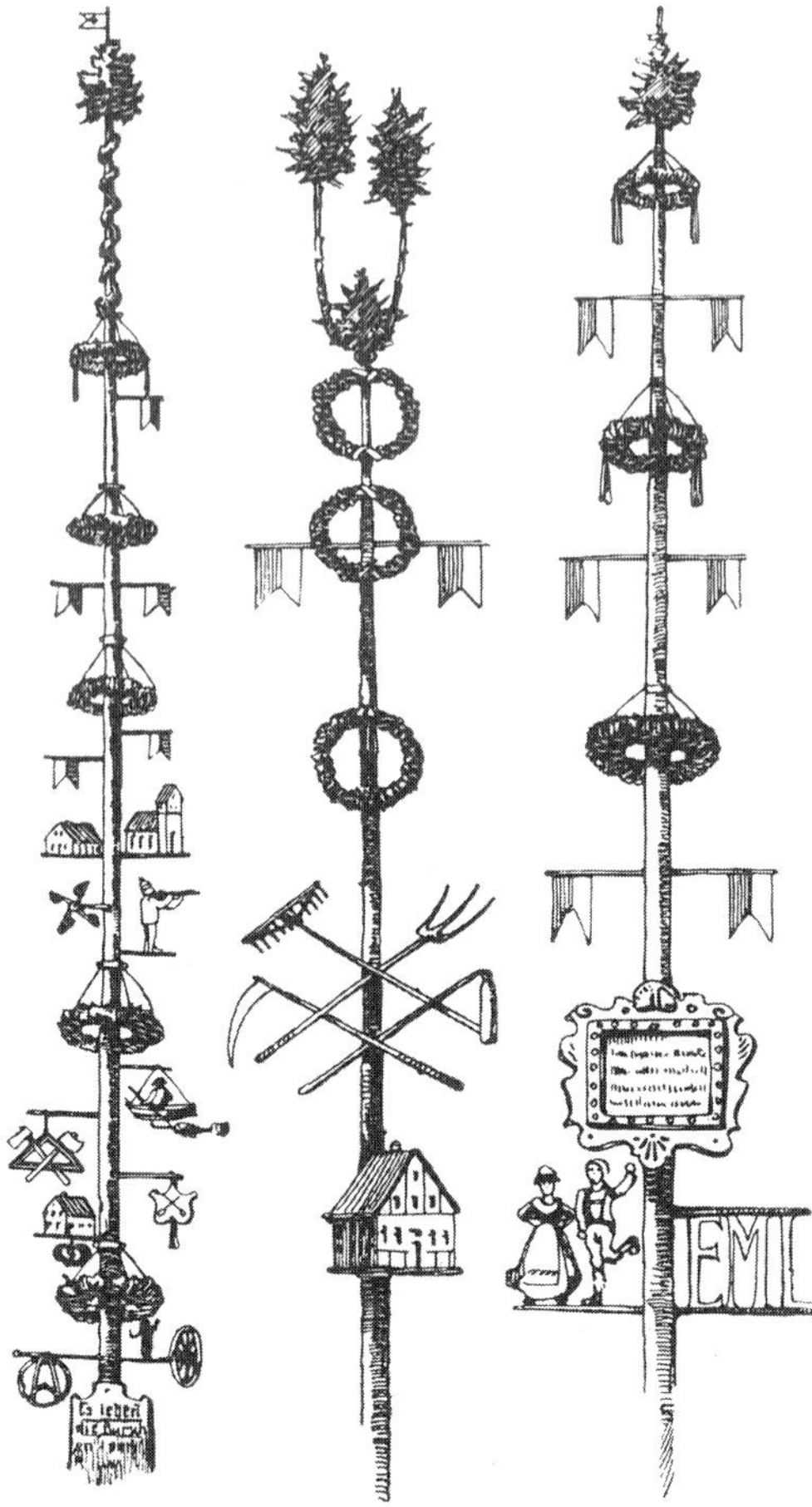

▲オーバーバイエルンの五月柱（左頁も）

❖五月柱

これらの若枝が一人一人の人間、あるいは一軒一軒の家に対する祝福であるのに対して、いわゆる五月柱（Maibaum）はその部落、その村全体に祝福をもたらすものであった。マイバウム（メイポール）の風習は、南ドイツやオーストリアを中心に大規模にみられたもので、今日でもオーバーバイエルン、特にミュンヘンより南の地域のひとつのトレード・マークともなっている。

五月柱を建てる行事をとりしきるのは若者たちで、丈の高い白樺または樅の木を森から運んでくる。これには一定の儀式がともなうことが多く、夜の

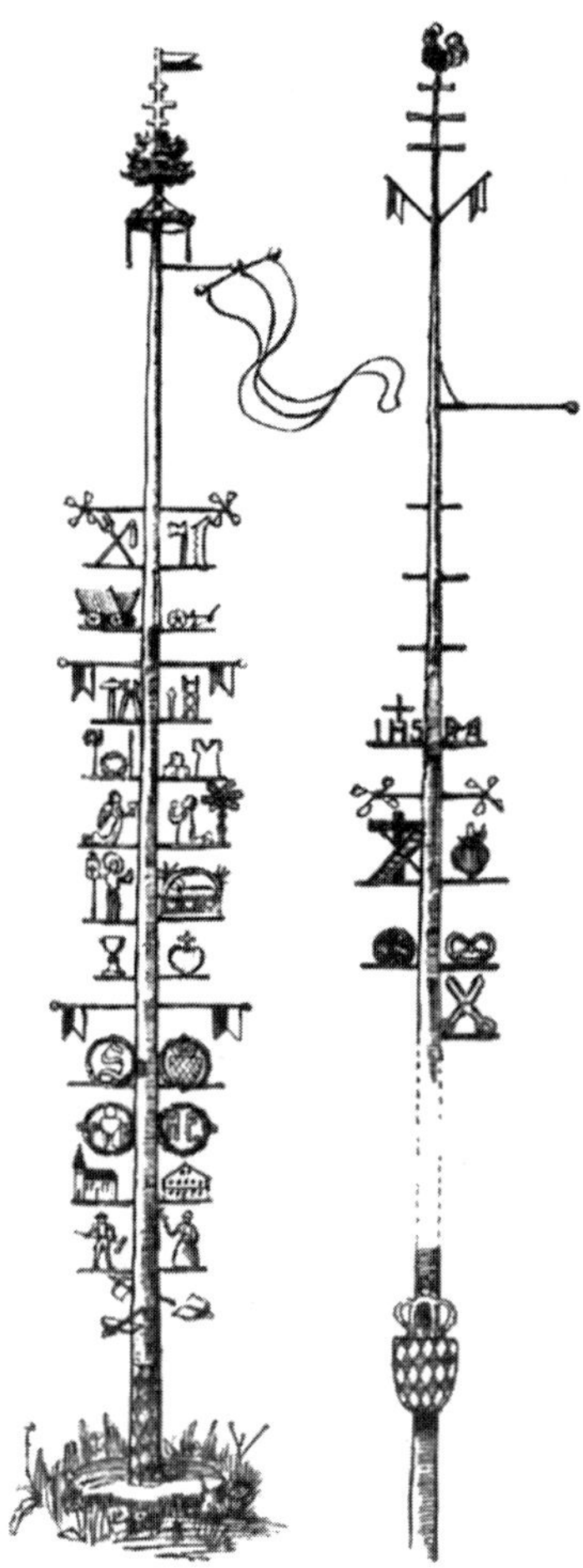

うちにこっそり持ち帰らなければならない場合もあった。一般に梢だけ残して枝をはらい、樹皮もはぐ（その下に巣くっている害虫の中に悪霊がひそんでいるかもしれないので）。てっぺんに雄鶏や旗をつけることもあり、また葉環で飾ることもある。幹には様々な絵や像、大抵は鋤、馬車、馬鍬、熊手、からざお、大鎌、職人の道具、家、教会、男と女、キリスト像等々の模型がつけられる。

この柱は村の広場の中央とか、みんなが集まるレストランの前に立てられ、そのまわりで踊ったり、あるいは若者たちはてっぺんの小旗や飾りをとる競争をしたりした。夜のうちに隣村の若者によって倒されたり、盗まれたりす

▲ギンペルスブルンの鼻踊り　ニコラウス・メルデマン、1534年

ることもあり、一晩中見張っていなければならなかった。このようにして五月柱は数日間、または一ヵ月間、あるいは一年間たてられており、その後で競売されたり焼却されたりした。後にはこの柱が単なるお祝いや表敬のためにもたてられることもあった。たとえば新婚夫婦のために、あるいは家の新築、新しい市長、レストランの店開きなどのためにも。

❖五月の花嫁／五月小僧

五月の祝福を森から運んでくるのは若枝や五月柱だけでなく、それが人物として表現されている場合もあった。たとえば全身を若葉で覆い葉環を頭にのせた男の子を、若者たちが村中を連れて歩いた。一旦森の中に隠しておいて、探し出して村に連れもどるといったやり方にも、この風習の意味が暗示されている。大自然の恵みを体現していると思われるこの人物は地方により様々な名前で呼ばれている（五月小僧 Maimännchen，聖霊降臨祭小僧 Pfingstl，聖霊降臨祭野人 Pfingstlümmel，聖霊降臨祭くず野郎 Pfingstdreck，聖霊降臨祭小男 Pfingstbutz，草の王 Graskönig，夏迎え男 Sommergewinn 等々）。

子供たちが手に手に若枝をもって行列をつくって家々を訪ねてまわる時、地方によっては、そのグループの中心に「五月の花嫁」（Maibraut）または「五月小僧」（Maimännchen）がいる。または「五月の王」（Maikönig）と「五月女王」（Maikönigin）あるいは「五月伯」（Magraf）と「五月伯夫人」（Maigräfin）と呼ばれてペアになっている場合もある。ザクセン地方では昔はこの二人を村の外の森の中に隠しておき、村人たちがさがしに行き、行列を作って音楽を奏でながらにぎやかに連れ帰ったという。

「五月女王選び」(Mailehen)と呼ばれる変った方法で、「五月女王」が選ばれる場合があった。これは特にニーダーライン地方やミッテルライン地方を中心にながく行なわれていた風習である。村の青年団が娘たちをいわば競売にかけるのである。最高の値をつけられた娘が「五月女王」となり、競り落した若者に一定期間(五月中、または最初の干草が馬車で家に運ばれるまで、または教会堂開基祭まで、また場合によっては次の年の五月まで)「五月女王独占」の権利が貸与された。

二人はその間特別な間柄となり、その若者は折あるごとにその娘をダンスに誘ったり、村の様々な催物にもそろって出かけたりする。ジーゲンゲビルゲ地方のジーゲンでは、この「五月女王選び」の集まりの後で、若者たちはそろって丘にのぼり、前年の「五月女王」を藁人形の形で燃やした。これは前年の「五月女王独占」の権利の終結を意味した。続いて森に入り、新しく「五月女王」として選ばれた娘のために五月柱をさがして村に持ち帰ると、その娘の家の前に立てた。

*

このほか、耕地めぐりや家畜の追い出しなど、様々な春の風習がこの日に行なわれる地方もあった。または五月一日の喜びの日には空気そのものにも薬効があるとされ、老いも若きも朝早くから森や泉のほとりに集まり、様々な遊戯や踊りで楽しんだ。また一般に新しい季節の始まりや移行の風習にみられるように、特定の食物が口にされる場合もあった。たとえばバイエルンのオーバープファルツ地方では、脂っこい卵菓子を焼いて家族全員で食べた。また「五月バター」(Maibutter) を作り、緑の薬草とともに食べるところもあった。

◀五月祭のさまざまな習俗
銅版画、G. クナップ、1884 年
1. 若枝をもって巡回する子供たち（オーバーエルザス）
2. 五月柱を立てる（シュヴァーベン）
3.「五月伯」の登場（ホルシュタイン）
4. 五月柱を囲んでのダンス（ベルギー）

▩キリスト昇天祭（復活祭から四十日目の木曜日） Christi Himmelfahrt

復活祭から四十日目、したがってたいていは五月のうちに祝われる。この日にも一連の五月の風習が残され、またこの日が木曜日（Donnerstag＝ドナルの日）にあたることから、ゲルマンの雷神ドナルに結びつけられることもあって、雷雨や天気占いにまつわる俗信が多くみられる。

❖薬草さがし

ヘッセン地方ではこの日、太陽が昇る前に森へ出かけて薬草をさがす風習があった。その際、いっさい口をきいてはならなかった。シュヴァーベン地方では、この日にちなむ名をもつ花（Himmelfahrtsblümchen）(1)を摘んだ。すでに午前二時頃には娘たちが、たいていはかなりの人数がグループを作って出かけ、その花で花環を作って食卓の上にさげたり、家畜小屋にかけて落雷よけにした。ハルツ地方ではギョウジャニンニク(2)をさがしに行った。これは人間にも家畜にも健康をもたらすと考えられ、娘たちはこれをもっていればその年のうちに花嫁になれると信じた。アルプスの牧舎に魔除けとしてかけられ

▩「主の昇天の祭日」、「主の昇天日」などとも。キリストが復活の後、「四十日にわたって」弟子たちに「神の国について話された」のち、天に上げられた、との「使徒行伝」一章三節の記述にもとづき、復活祭から四十日後の木曜日に祝われる。

復活祭の日付に連動する移動祭日で、最も早い年で四月三十日、最も遅い年は六月三日。

（1）直訳すると「昇天祭の花」。一般に Katzenpfötchen とも呼ばれるキク科の植物。和名エゾノチチコグサ（*Antennaria dioica*）

（2）独名 Allermannsharnisch ／学名 *Allium victorialis*（ユリ科ネギ属）

たり、悪夢に悩まされるのを防ぐためにベッドの上に置くこともあった。

❖落雷よけ

南ドイツではこの日、薬草を教会で清め、一年中保存して落雷よけに使った。娘たちが様々な種類の花や薬草の束をもってきて祭壇の上やマリア像の足もとに並べ、神父がそれをきよめた。本来は七十七種類の薬草を束ねなければならなかった。雷雨が近づいてくると、主婦はその中の一本を抜きとってかまどの上に置いた。この日には雷雨に見舞われると一般に信じられていたが、それはこの日が木曜日（Donnerstag）、つまり雷神ドナル（Donar）の日にあたること、あるいはこの日キリスト昇天のため天が開くと信じられていたことからくると言われる。

カトリック教会では、礼拝の間に復活したキリストの像が、天使をともなって教会の円天井の空きを通ってゆっくりと天に昇って行く様を演じてみせたが、この風習にも天

▲（上）キリストの昇天
『ベリー公のいとも豪華なる時禱書』
シャンティイ、コンデ美術館

◀（下）「キリスト昇天祭の花」、
エゾノチチコグサと、
家畜小屋にかけられたその花環

気占いが結びついており、その際キリストが目を向けた方角から雷雨がやってくると信じられていた。

❖耕地めぐり

耕地めぐりや境界めぐりがこの日に移されて行なわれるところもあり、シュヴァーベン地方では「耕地行列」（Eschprozession）「耕地巡行」（Eschgang）などの名称でながく行なわれ、その地区の境界線の上をめぐったり、またその土地を横切って行列して歩いた。その途中四カ所で止り、福音書の一節を読みあげ、天気に恵まれるよう祈願した。

R・バイトルの『ドイツ民俗学事典』によれば、古代ゲルマンの耕地めぐりの行事を駆逐するために、教会は五世紀に一般に行なわれていた復活祭前の祈禱、祈願週間(3)をキリスト昇天の日に移した。それがきっかけとなって都会でも森や丘のピクニックに出かけ、飲んだり踊ったりして楽しむ風習が生まれた。「五月の花嫁」や卵遊びなどがこの日に移して行なわれる場合もあった。バイエルン地方などでは、キ

▲「生命の木」を奉じて練り歩く「キリスト昇天祭」の行列　南チロルのドルフ・チロル（伊名ティローロ）

リスト昇天にちなんで、この日に「飛ぶ肉」（鳥肉）だけを食べる風習もあったし、アルゴイ地方では「鳥パン」（Brotvogel）を焼いた。

（3）今日では通例、キリスト昇天祭直前の三日間を「祈願節」（Bittag）、また直前の一週間を「祈願週間」（Bittwoche）とよぶ。

▲（上）ドレスデン近郊の「耕地めぐり」（1934 年）
（下）「キリスト昇天祭」の習俗を絵解きした 19 世紀の銅版画（G. クナップ画）
小屋を花環で飾る様子（上段）と、耕地めぐりで馬上より祈願する司祭（下段）

■聖霊降臨祭 （復活祭から五十日目の日曜日） Pfingsten

Pfingsten というドイツ語での名称は「五十日目」を意味するギリシア語に由来しており（ペンテコステ Pentekoste と同根）、復活祭から五十日目に祝われるキリスト教三大節の一つである。キリスト教会の影響で、これまでにみてきたような五月の民間習俗の多くがこの日に移されている場合も多い。特にそれが北ドイツで目立つのは気候との関係もあるのであろう。移動祭日である聖霊降臨祭は六月にはいることも多いのであるが、春を迎える五月の風習の頂点をなす日となっている。すなわち聖霊降臨祭は民間習俗の中では何よりもまず、若葉の匂いのただよう自然の行事である。

▶聖霊降臨（H. メムリンク《マリアの７つの喜び》部分）
1480 年頃、ミュンヘン、アルテ・ピナコテーク

■聖霊降臨日、ペンテコステの祝日なども。「使徒行伝」第二章の、「炎のような舌」が使徒一人一人の上に現れとどまると、一同が聖霊に満たされたとの記述にもとづき、復活祭から五十日目の日曜日に、キリストの約束通りに弟子たちに聖霊が注がれたことを祝う。

　復活祭に連動して日付が変わり、最も早い年で五月十日、最も遅い年は六月十三日。

❖若枝を飾る

五月祭の行事としてすでに述べたように、健康と豊饒を保証する若枝が家にも家畜小屋にも、船にも風車にも、レストランや仕事場の入口にも飾られる。北ドイツでは白樺やアイリス(1)が主に使われ、オルデンブルクなどではそ

（1）いわゆるジャーマン・アイリス（*Iris germanica*）。

の若枝がさらにリボンや金色に塗った卵で飾られていた。

❖柱をたてる

五月柱（Maibaum）が聖霊降臨祭の前夜になってはじめてたてられる場合もあり、それにともなう風習も五月祭と同様であった。五月柱の代わりに一種の尖塔のようなものをたてたり、道路の上に網を張り、それに葉環を飾る場合もあった。そのそばに若葉で飾った小屋がたてられ、その中で聖霊降臨祭の楽しい集いがもたれた。

❖祝宴と遊び

この宴会は一年の大切な楽しみの一つで、たいていは若者たちやレストランの主人が主催し、その地区の人全員が参加した。同じような集いが、広々とした自然の中で、緑と陽光の中で行なわれる地方もあった。それは様々な聖霊降臨祭の遊びと結びついていた。

九柱戯は特に愛好されたし、射撃大会もこの日に欠かせないものであった。馬に乗って、綱につるされた葉環や、ドイツトウヒの環、又は樽の輪を刺し通す競技もよく行な

▲聖霊降臨祭の行列　レーゼ（ニーダーザクセン）、1931年

われた。なかでもオーストリア、ガイタール地方の「桶刺し」(Kufen-stechen)は有名である。民族衣装を身につけ、とんがり帽子をかぶった男たちが農馬にまたがり、走り抜けざまに、杭の上に固定された樽または桶を槍で突き刺したりたたいたりしてばらばらにこわす競技で、力と敏捷さを競うものである。勝者は娘から冠をかぶせてもらい、この二人の踊りが、その後、村の広場でにぎやかに行なわれるダンスパーティーの幕を開ける。このほか一番多いのは単純な徒競走や競馬で、春の恵みを象徴する若葉で編んだ葉環や「聖霊降臨祭の王様」を目標にして走った。

❖牛を飾る

この日はまたドイツの多くの地方で、牛がはじめて牧場に出される日でもあり、これにもにぎやかな風習がともなっていた。緑の葉や花環などで牛を飾りたて、大きな歓声とともに牧場につれて行く。この日のために牧場の一画を特別に残しておく場合もあった。牧場に一番のりをする競争も行なわれ、到着順によって牧人たちに一定の名称が与えられた。聖霊降臨祭の牛に花環をつけるのはひろく行なわれていた風習であるが、特に牧

▲ガイタール地方の「桶刺し」(ファイストリッツ・アン・デア・ガイル)

場に一番のりした牛は立派に飾られ、表彰された。逆にびりになった牧人と牛はみなに嘲笑され、様々なからかいに甘んじなければならず、村中をひきまわされ、お祭りの祝儀を集めて歩くのに使われたりした。その牛は「聖霊降臨祭の飾り牛」（Pfingstkau, Pfingstosse）、牧人は「聖霊降臨祭小僧」（Pfingstvoss, Pfingstbuck）などと呼ばれ、これは後には一般に朝寝坊のあだ名にもなった。

❖仮装と行列

聖霊降臨祭の行列や祝儀を集めて歩く際に、一般に様々な変装をした人物を連れて歩く場合が多かった。その人物はいろいろな名前で呼ばれるが、この風習も五月祭の場合と同様に、春の豊かな恵みを村や家の中へ持ち込む願いを具体的な形で表現したものと考えられる。それは、これらの人物をまず森の中へ隠しておき、その名前をあて、にぎやかに行列をつくって連れ帰るというやり方にも暗示されている。

チューリンゲン地方では一人の若者が全身を苔や若葉で覆って森の中に隠れ、村人たちがこの「山男」（Wilder Mann）をさがしに出かけた。シュヴァーベン地方の「聖霊降臨祭小僧」（Pfingst-

▲聖霊降臨祭の「飾り牛」（ハルツ地方）

butz）は花や若枝で身をつつみ、体の前後に牛の首につるす鈴をつけており、それが跳びはねる度に大きく鳴った。白鳥の頭に大きな木製のくちばしのついた仮面をかぶっている場合もあった。南バイエルン地方のホラータウでは、小川のほとりでこの「水鳥」（Wasservogel）に二人の娘が水をあびせかけ、最後には「水鳥」が娘たちを腕に抱いて三度水の中につっこむという風習があった。プファルツ地方では「聖霊降臨祭のアヒル」（Pfingstquak）と呼ばれ、全身を金紙で飾っていた。みなに追いまわされ、うまく逃げきれないとその飾りをばらばらにはぎ取られた。メクレンブルク地方の「聖霊降臨祭の花」（Pfingstblume）は、若枝とエニシダで全身をつつみ、頭には花の冠を載せていた。その他この人物と風習には地方により様々な名称が与えられていた。ザクセンでは「花嫁花婿さがし」（Brautpaar suchen）、ティレダ(2)では「五月王隠し」（Maikönig verstecken）等々。

　これらの人物を連れての行列は、聖霊降臨祭の楽しい集いや遊戯のための資金を集めるためのねだり歩きともなっているが、その本来の意味はその行列の終った後にみられる風習に暗示されていると考えられる。すなわち行列に使われた人形や仮面を水に溺れさせたり、たたいて殺したり、または土に

▶「水鳥」を連れて歩く
アウクスブルク
18世紀初めの彩色銅版画

（2）ザクセン・アンハルト地方ケルプラ（キュフホイザー）市の地区。

埋めたりした。これは春の祝福を象徴しているものを処刑することにより(同じ理由でカエルなどの動物を殺すこともあった)、その中に宿る生命力、魔力を解き放ち大地に還元しようとしたものと考えられる。

❖鞭ならし

このほか、この日に畑や果樹園で発砲したり、またはオーストリアのケルンテン地方でみられたように、若者たちが真夜中に大きく鞭をならしたり、またはガイタールで行なわれたように、五月柱のたててある広場まで走って行き、そこで火をたき鞭をならしながら野営したりした風習も、豊饒の霊を目ざませ、成長を促そうという願いから出たものといえよう。

▲バイエリッシャーヴァルトの「水鳥」
着飾らせ（上）、連れ歩いたのちに溺れさせる（下）

❖泉を飾る

またこの日ドイツの多くの地方で、泉が美しく飾られた。チューリンゲン地方のイルメナウでは子供たちが集まって野原に出かけ、花を摘んで花環を作ったり、山から白樺の枝をとってきて泉をきれいに飾った。ミュールハウゼンの泉祭りも有名で、きれいに飾りつけられた泉の中に花束が投げこまれた。この風習は泉の神への供儀の名残りとも考えられる。

❖聖霊を迎える

聖霊降臨祭は復活祭の場合とはちがって、最初から聖霊の降臨を祝う教会用語としていきわたっていたと考えられるが、教会の典礼の中にはこの日の風習はあまりあらわれない。教会と関係した行事としては、この日聖霊が教会の中の信心深い人の上に鳩の姿で飛んでくると信じられていたことから、昔は教会で聖霊降臨の芝居が行なわれていた。

またこの日の朝は復活祭の日の朝と同様に神聖視され、オーストリアのニーダーエスタライヒ地方では「聖霊つかまえ」(Heiligen Geist-Fange)に丘にのぼったり、オルデンブルクなどでは聖霊が入って来れるようにと玄関の戸をあけておく風習もあったという。しかし以上みてきたように、聖霊降臨祭は民間習俗の上では五月祭から始まった春の祭りの集大成の感がある。

▲ミュールハウゼンの泉祭り　1929年

夏

〔六―八月〕

■聖体祭

（聖霊降臨祭の次の日曜日の後の木曜日）

Fronleichnam

聖体祭（御聖体の祝日）は、化体の教義、つまり聖餐式のパンがキリストの肉体に変わるのを讃える祭であって、その起源は一二四九年に遡る。この年にリエージュの司教ロベールがこの祭を、聖霊降臨祭のあとの日曜日に続く木曜日に定めた。やがてリエージュの副僧正ジャック・パンタレオンが教皇の位についてウルバヌス四世（在位一二六一―一二六四年）となると、この祝日をカトリック教会全体に拡めるべく勅令を発したのだった（一二六四年）。

❖聖体行列

この祝祭の最高潮をなすのは、御聖体を捧げ持って、村の各所に設けられた「四福音書の聖餐台」に運ぶ練り歩き（聖体行列、Fronleichnamsprozession）である。天蓋の下を司祭が白い式服を身につけて、聖体顕示台を捧げ持って進み、村人はそのあとに付き従ってゆく。行列の進む道は、ハンノキ、ト

◀聖体祭を彩る「飾り柱」（Prangerstange）

■聖霊降臨祭の次の日曜日は「三位一体祭」（三位一体の主日）で、さらにその四日後の木曜日に、この「聖体祭」が祝われる（聖体の主日、御聖体の祝日、キリストの聖体の祝日、などとも。今日では、日本のカトリック教会のように、木曜日ではなく、三日後の日曜日に祝うことも多い）。ラテン語でコルプス・クリスティ（Corpus Christi）、英語ではこれをそのまま借りて「コーパス・クリスティ」。

復活祭の日付に連動して移動する祭日で、最も早い年で五月二十一日、最も遅い年は六月二十四日。

ネリコ、白樺、樅などの緑の小枝で、縁どられ飾られる。村の四か所にしつらえられ、その前で福音書が読みあげられる「四福音書祭壇」も、葉環や緑の小枝で美しく飾りつけられるし、道の上にも、この日の早朝に刈り取られ、細かく刻まれた草が一面に撒き敷かれる。通り道の家の窓辺にもまた、緑の葉で組み編まれた葉環が吊るされ、旗やレースで飾りたてられる。

緑の葉環や美しい花束や旗で装われた道筋を、司祭を先頭に、白い服に、頭には花冠を飾り、マンネンロウの枝と花を組みあわせた花束を手にした少女たちが進む。次いで少年たちが晴着に飾り帯を身につけて続き、さらに成

▲教会内部の飾り柱
プファルヴェルフェン（オーストリア、ザルツブルク州）

▲（上）：ゲッツェンス（チロル地方、インスブルック近郊）の「四福音書祭壇」
（下）：ヴァッカースベルク（オーバーバイエルン地方、バート・テルツ近郊）の聖体行列

▲民家の前の祭壇ごとに立ち止まり、祝福を与える聖体行列
チロル地方、レヒ谷のホルツガウ

人の男女のグループの行列がつき従う。家々の前には美しい花や若葉の小枝で飾られた祭壇が設けられ、行列はその祭壇ごとに立ち止まって祈りを捧げ、司祭が祝福を与えるのである。

❖チロルの谷を練り歩く

チロル地方のフィルネス谷[1]の御聖体の祝日は三日間も続く。最初の日[2]には四福音書とともに、一般の村と同じように練り歩きが行なわれるが、二日目には、谷の陽の当る側の一番奥の農家から、谷の出口まで行列が進む。行列は通りかかる家ごとに、若葉の枝や花で飾られた祭壇の前で立ちどまり、福音書の一節が朗読される。行列の道筋にない農家は、絵図板を道端に立て、花とロウソクを供えて行列を待った。ここでも行列は立ちどまり、祝福が与えられる。三日目には日陰の谷側を、下の農家から上の農家に向けて、行列が登って行った。

❖豊饒祈願

ドイツに聖体行列が導入されると、それは耕地めぐりと天候祈願の練り歩きに変化した。行列は畑を巡るが、畑の四方には祭壇が設けられ、さらに五月柱が立てられる。そのまわりをめぐって豊饒が祈願された。オーストリアのシュタイアマルク地方では、この日に娘たちは草花で作った花冠を頭につ

(1) フィルネス Villnöß 谷は南チロルのブレッサノーネ南東、ドロミテ地方の谷。イタリア名フネス。
(2) Antlaßtag（赦免の日）。チロル地方では聖体祭がこの名で呼ばれることも多い。

けて教会を訪れ、村人の前で処女の証明を新たにもらうのが義務とされていた。

❖ご利益さまざま

聖体祭は子供たちにとって幸せが約束される日であって、乳幼児が行列に加わると育ちが良くなるとか、子供と一緒に四か所の福音書朗読の場所を訪れると、不慮の死や溺死から守られるという信仰がある。祭で清めを受けた花や緑の小枝はまた悪霊を退散させる力があるとされて、幼児のベッドのそばに置いておかれたり、玄関や居間の聖者像の上に吊るされた。また行列に使った花束を細かく刻んで畑に撒くと、麦の立ち倒れや、害虫に悩むことがないという信仰もみられる。この日に使われた若枝、花環、ロウソクは大切に保管されて、激しい雷雨の時や、歯が痛む時、家畜が病気の時などにいぶしたり灯したりして魔除けに使われたし、また家畜をその年に初めて戸外に追い出す時にはこの白樺、あるいは樅の枝が使用された。

行列に直接使われなかった植物も、この日には特別の力が籠っていると信じられていて、練り歩きで「ヨハネによる福音書」が朗読されている時にみつかった四つ葉のクローバーで魔法が行なえるとか、この日に根ごと引き抜いた青いヤグルマギクを温かくなるまで手に持っていれば鼻血が止まるとい

▶聖体祭の飾り柱
木彫、18世紀
フライジング

われる。

❖天候占い

聖体祭はまた天候占いの日でもある。この日に草花の撒かれた巡行の道に雨が降ると七月に毎日雨が降るとか、この草花が干からびると干草をうまく取り入れることができる、などといわれている。

▲聖体祭のフラワー・カーペット
聖霊、聖クララ、イエスのみ名、の３者を示す
1916年、ミュンヘン、ヴァイゼンハウス教会

■聖ヨハネ祭　六月二十四日

Johannistag / Johanni

六月二十四日は天国への先導者ヨハネの名にちなんで、民衆の間では聖ヨハネの日といわれる。教会で行なわれる質素な祝いと対照的に、民衆の行なうこの日の行事は、夏の行事のうちで最高潮をなすもので、ゲルマン人によって祝われた夏至祭の名残りともいえる、大焚火などの独特な行事でみたされる。ゲルマン人などの北方民族は、聖ヨハネ祭の頃、太陽神が馬を駆って天の頂点に達し、この頂上に数日とどまって耕地に恵みを与えたのち、やがて太陽の道を再び引き返すと信じていた。太陽神が頂点にとどまる数日のあいだ、人々は夏至祭を行ない、盛大に焚火をたいて衰えゆく太陽の歩みをはばみ、暖かい夏を一日でもながびかせようとしたのである。

■洗礼者聖ヨハネ（バプテスマのヨハネ）の誕生を祝う日。イエスに洗礼（バプテスマ）を施すなど、「先駆者」として導く存在であり、それゆえ中世以降はマリアとならんで「とりなし」を願う聖者として人気が高かった。領主ヘロデの違法な結婚を告発して斬首されたが、その殉教の日もまた記念日として祝われている（こちらは八月二十九日）。

▶ピエロ・デッラ・フランチェスカ《キリストの洗礼》1440年、ロンドン・ナショナル・ギャラリー

❖夏至の祝火——ヨハネの火

聖ヨハネの日の最大の行事である夏至の祝火は、三つの火の行事からなりたっている。一つは山の頂上や牧草地で行われる大焚火、次いで炬火、祝火をもって行なう耕地めぐり、それに山の上から車輪が燃え上りながらころが

（1）ラインラント＝プファルツ州の村。トリーアの郊外、南西八キロほどのところにある。

り落ちてゆく車輪落としてである。

聖ヨハネの日の祝火の行事を、モーゼル川沿いの村、コンツ(1)の例でみてみよう。

モーゼル河を見おろす丘のふところに位している村、下部コンツでは、夏至の祭りは次のように祝われることになっていた。けわしいストロムベルクの丘の頂上に藁を沢山もって来る。住民はすべて、あるいは少なくとも各戸主は割り当てられた藁をここに寄付しなければならない。暮方になると大人でも子供でも男という男たちが全部この丘の頂上に呼び集められる。女や娘はこれに参加することを許されず、丘の中腹にある泉のあたりに陣どる。丘の頂上には村人たちが持ち寄った藁で完全に包みこんだ車輪が立てられてある。残った藁は炬火をつくるのに用いられる。車輪の両側には三フィートばかり心棒を突き出し、それを転げ落す時につく若者たちのために把手をつける。……町長が合図する。

▲燃え上がる車輪

……合図と共に炬火で車輪に火がつけられると、それはたちまち一塊の火となって燃えあがる。腕力が強くて脚の速い二人の若者が両側の把手をとり、勢よく斜面を駆けくだり始める。たちまち大歓呼がわき上る。大人も子供も燃えさかる炬火を空に振りまわし、車輪が丘を転げ落ちる間じゅうそれを消さないように気をくばる。車輪を操っている若者たちの大目的は、それを燃し続けながらモーゼル河の水に投げこむことである。……それが泉のところに陣取っている女や娘たちの傍を転げ落ちるとき、そこからまた歓呼の声がわき上る。……もし火の車輪が運よく河の岸について水中に消え去ると、その年のブドウの豊作請合いとあって、コンツの住民は周囲の村々のブドウ園から荷馬車一台分の白ブドウを強請する権利をもつことになる。[2]

❖祝火の跳び越し

聖ヨハネの祝火は、十九世紀中頃までは全ヨーロッパでみられた行事であって、ドイツでもバイエルン地方で盛んに行なわれていた。祝火の呼び名は所によって異なり、[3]これと結びついている風習も様々だが、燃えさかる焚火の周りを踊る「焚火の跳び越し」(Johannistanz あるいは Johannissprung)がよく行なわれた。

焚火の材料は「復活祭の火」の場合と同じように、若者たちが前もって村

(2) J・G・フレイザー『金枝篇』第四(永橋卓介訳、岩波文庫、一九五一年)二七二頁以下。なお「車輪落とし」については、本書の五五頁、八八—八九頁も参照。

(3) 地方により、Johannisfeuer(ヨハネの火)、Sundwendfeuer, Sonnwendfeuer(夏至の火)、Himmelsfeuer(天の火)、Zinkenfeuer(山上の火)など、様々な呼び名をもつ。

中の家を一軒一軒、歌をうたいながらまわって集めた。古ほうき、柴の束、ビール樽が山のように積みあげられ、その中心に五月柱が立てられるところも多かった。燃え盛る火のまわりではダンスが行なわれ、それが消えかかる頃、若者たちはその火の上を跳び越してゆく。跳び越す高さと同じ位に亜麻が成長すると信じられているからである。老人たちは、この焚火の中から焼けた棒切れを三本とって来て、畑に立てにゆく。こうすると亜麻が丈高く育つといわれた。また火の消えた燃えさしを屋根の下や家の横に埋めておくと、火事の危険から守られるとされていた。

昔は夏至の日の日没の時刻に家の中の火はすべて消された。それまでの火は古くなり効き目もなくなったからである。二本の樫の木をすり合わせて点火されたヨハネの焚火から、人々は再び新しい火種をもらって、家のかまどに持ち帰っていった。

火を跳び越えるのは若者ばかりではない。シュヴァーベン地方でもバーデン地方でも、若者と娘が一組になり手をとりあって一緒に跳び越していった。一般に「ヨハネの火」は豊饒と多産をもたらすものとされている。したがってエルフルトでは、「ヨハネの火」で清めを受けたロウソクを灯して畑の周りを歩く風習があったし、恋人どうしが祝火のそばで仮の結婚式を象徴的に挙げたり、新婚早々の花婿が火の上に腰を下ろさねばならないという気の毒な風習も所によってはみられた。(4) このように男女一組になって火の上を跳び

(4) Sartori, S. 228.

◀ヨハネの火の跳び越し
F. J. ブロンナーの著書(1908年)より

越す風習も、豊饒と関連があるといえよう。

❖祝火の霊験

ヨハネの火には特別の力があるとされていて、病気の子供や家畜はこの火の上を通された。フランケン地方では、ヒエンソウ(5)を目の前にかざして祝火をみると一年中眼病にかからないとされていたし、「ヨハネの火」を跳び越すと腰痛が治り、長旅に出ても無事が約束されていた。ボヘミア地方ではニガヨモギを頭に巻いたり、腰に巻いたりして跳び越したが、そうするとニガヨモギが魔女と病気から身を守ってくれると信じたからである。

❖ヨハネ祭の水

ヨハネの日の焚火と同様にこの日の水にも特別な力が籠っている。ペトラルカは一三三〇年、ケルンのライン河畔で、聖ヨハネの日の夕方に身を飾りたてた婦人の一群が、薬草とともに腕や手を川の中に浸している情景を目にしたとのべている。婦人たちはそうすることで不幸と困苦からまぬがれると信じていた。(6)今日でも聖ヨハネの日に水浴すれば九回の水浴と同じ効き目があるという言い方がされる。この日の水に対する人々の特別な感情は、井戸や泉を飾りたてて清める行事の中にもみることができよう。

(5) ドイツ名 Ritterspornblume, デルフィニウム属 *Delphinium* の数種。

(6) Rehm, S.34.

❖泉飾り

フルダでは泉を飾る風習が子供の祭りになっている。娘たちが泉を豊かに花や若枝で飾りつけたあとで、その泉を使う家の子供たちの中から、新しい「泉主」を選ぶ。子供たちはその「泉主」に花束を盆にのせて渡したあとで、泉と同じように花や若枝で飾った「泉主」の家を訪れ、ご馳走をみなで食べあうのであった。

チューリンゲン北部のエシュヴェーゲでは、聖ヨハネの日の朝、若者や娘たちが泉まで行列して進み、泉を白百合をつけた花環で飾り、その周囲を二度踊ってまわった。それからダンスの会場におもむいて一日を楽しくすごした。

この日の日の出前に井戸を掃除すると蛆や虫が湧くことはないとされ、汲み出した水を家畜に飲ますと病気にかからないともいわれた。

❖ヨハネ草

夏の盛りを迎える聖ヨハネの日の頃には、植物もまた一段と緑の色を鮮かにし、生育の力が内に蓄えられる。この日に採取された薬草にはしたがって一段と強い効能が期待されて

▲泉をかこんでの聖ヨハネ祭　ヘッセン地方北部のトライザ

いて、「ヨハネ草」(Johanneskraut)と呼ばれて珍重された。そのうちの一つにオトギリソウ[7]があって、その昔、聖ヨハネの祝火の囲りを踊るときには、ニガヨモギと共にオトギリソウの花環が身につけられていた。ニーダーライン地方では子供たちが、オトギリソウで花環を編んで屋根の上に投げあげる風習がみられたが、そうすると家は落雷と火事から守られるのであった。

❖ヨハネの花環

シュレースヴィヒ＝ホルシュタイン地方では、娘たちがオトギリソウ、クワガタソウ、ニワトコ、カミツレで「ヨハネの花環」をつくり[8]、冬になるまで玄関の間に掛けておいた。それが乾燥すると粉にして薬に使ったのである。チロル地方では遠い旅に出る時には、オトギリソウを日の出前か夕べの鐘の前に摘み、靴の中に入れると疲れないといわれているし、この日の夜に採ったこの薬草は、乾燥させて病気の家畜の治療に使われた。ニガヨモギも、オトギリソウと同じく腰に結んでヨハネの祝火のまわりを踊った例でも判るとおり、「聖ヨハネの帯」、「帯の草」、「夏至の帯」などの異名で呼ばれ、悪魔払いの力をもち病気を治してくれる薬草とされている。そのほか、前日の夜に集めたハクサンチドリの根は幸福とお金をもたらし、この日に採集したアルニカも落雷除けに効くとされた。

(7) 厳密にはオトギリソウ属の一種(学名 *Hypericum perforatum*)。ドイツで一般に「ヨハネ草」(Johanneskraut)といえばこの種を指すことが多い。英名もSt. John's Wortと、やはり聖ヨハネと縁がふかい(右の図版参照)。

(8) Sartori, S. 230.「クワガタソウ」はドイツ名Ehrenpreisで、より正確にはクワガタソウ属(*Veronica*)の数種をさす。

❖その他のまじない

聖ヨハネの日にまじないをすればまた病気も治り、健康が約束される。日の出前に口を利かないで樫の木で体をこすると傷が治るといわれるし、朝、子供を裸にして庭に寝転ばせて亜麻の種をその上にかけると、くる病にかからないとされた。疥癬《かいせん》を治すにはこの日の夜に溝の中を三度転がると良いという信仰もある。(9) この日に乳離れした幼児は幸せをつかむともいわれる。

❖不幸の日

幸せをもたらす聖ヨハネの日は、所によっては不幸の日とみなされている。「聖ヨハネは十四人の死人を欲しがっている。七人は水の中で、七人は陸の上で」(ラインラント地方)。したがって川で泳ぐのは避けなくてはならない。マクデブルク地方では、この日に水の中に落ちると日暮れまで川から助けあげてはいけなかった。

(9) Bächtold-Stäubli, Bd. 4, S. 712.

◀ヨハネの花環

■聖ヤコブ祭　七月二十五日　Jakobstag / Jakobi

聖ヤコブ祭の頃に一般に収穫が始まる。農家ではその準備のために「強めの酒」が振舞われ、雇人には「強めの酒手」がはずまれた。ボヘミア地方では農家だけでなく羊飼いの祭日でもあって、羊は花で美しく飾られ、一切の羊の面倒はこの日ばかりは下男下女にまかされた。

❖牧人祭

アルプスの牧場では牧人祭（Sennekierbe）が行なわれる。この日には牛や羊の乳の出が最高になるとされていて、所有主や友人、知人も山を訪れ、家畜の状態をみてまわった。牧人や雇人には賃金が支払われ、翌年の契約も取り結ばれて祝宴となるのであった。

❖天候占い

聖ヤコブの日は天候占いにとって重要な日であって、果実

▲聖ヤコブの遺骸のスペインへの移葬
祭壇画（部分）、1425年頃、ウィーン、美術史美術館

■キリスト十二使徒の一人、大ヤコブの祝日。「聖ヤコブ使徒の祝日」などとも。大ヤコブはイエス昇天後も積極的に布教につとめたが、エルサレムで殉教。その遺骸は後に北スペインのサンティアゴ・デ・コンポステラに流れ着いたと伝えられ、さまざまな奇蹟譚を通じて、同地をヨーロッパ随一の巡礼地となした。七月二十五日はこの「移葬」を祝う日という。

の実のつき具合や、冬の天候の予想がされた。三日前から天候が良ければ麦の穀粒は強くなるとか、「聖ヤコブの日に晴れれば、果実は豊作」とか、「この日に風が吹けば、二番干草の取り入れができない」（ボヘミア西部）といわれたし、「聖ヤコブの日に雨が降ると、穀物や樫の実にとって良くないが、穏やかな冬がくる」（ブラウンシュヴァイク）などともいわれた。

▲バーデン地方北部のバート・ウーラハではこの日に、
「羊飼い競走」（Schäferlauf）が行なわれる（140頁以下参照）。

■マリア昇天祭　八月十五日　Himmelfahrt Mariä

❖女の三十日

マリア昇天祭は、九月八日のマリア誕生日とこれに続く八日間まで続く「女の三十日」(Frauendreißigst)の始まる日であって、この時期には、自然も温和で植物にも動物にも普段よりも三倍も祝福が宿るといわれて、毒をもつ動物もこの期間には毒を失っているという。たとえば「女の三十日」の間に産んだ卵には特別な力が籠っていて腐ることがないとされて、この時期の卵は卵のとぼしい冬に備えてとっておかれたが、その場合、卵の先を土の中に突きさしておいた(1)。

❖薬草の束

またこの日に採集した薬草を七種類あるいは九種類集め、束にして教会で清めてもらう習慣がある。その場合、カプチン会かフランシスコ会の修道僧によって清めてもらうと一層効能がますとされた。薬草の種類は所によっていくらか異なる所もあるが、主として次の草花である。オトギリソウ(Johannis-

▶J.F. オーファーベック《聖母被昇天》1855年、ケルン大聖堂

■「聖母の被昇天の祭日」「聖母被昇天日」などとも。聖母マリアが死後、天にあげられたことについて、聖書には特に語られてはいないが、聖母崇敬が盛んになるにつれて、八世紀頃からこの日を祝う習慣が確認できるという。本文にあるとおり、別に「聖母マリア誕生の祝日」も、九月八日に祝われている。

(1) F. Haider : Tiroler Volksbrauch im Jahres-lauf, Innsbruck-Wien-München 1968, S.341

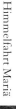

kraut）、ビロードモウズイカ（Königskerze）、アルニカ、ニガヨモギ（Wermut）、ヒゴタイ（Kugeldistel）、ヒエンソウ（Rittersporn）、トリカブト（Eisenhut）、ハナハッカ（Wohlgemut）、モウズイカ（Himmelbrand）、アキノキリンソウ（Goldrute）など。秋の「薬草の束」は、春の「棕櫚の束」と対をなすもので、いずれも清めをうけて家に持ち帰られるが、「棕櫚の束」には春の希望あふれる成長の要素が含まれているし、「薬草の束」には真夏の植物の豊かな力が凝縮していると考えられた。この薬草は家や家畜小屋に置かれて病気よけ、落雷よけに使われたり、粉末にして病気の薬として使用された。

チロル地方のフィンチガウでは、小さな袋に入れた穀物が

◀マリア昇天祭の「薬草の束」

薬草と一緒に清めを受けて、その穀粒を次の種まきの時に混ぜて使った。また清めをうけたモウズイカを家畜小屋の梁の上に置いたが、これは「梁の上に三本モウズイカがあれば、皮膚病（Scherzen）にかからない」といわれたからである。悪天候の時にはこの薬草を燻らすと被害を受けないといわれていて、かまどの中にくべられる習慣もあった。

▲穂麦のマリア　15世紀の木版画

■その他の夏の祭

❖輪刺し（Ringstechen）

北ドイツを中心に農民によって行われる「輪刺し」の行事は、宗教改革時代から伝わる騎士のトーナメントを真似たものであって、特にシュレースヴィヒ＝ホルシュタイン、東フリースラント、チロルの各地方で愛好されている。広場に杭を立て、その横木に輪か花輪を吊るし下げておく。そのそばを馬で駆け抜けざまに、棒でその輪をつき刺して落す競技である。

シュレースヴィヒ＝ホルシュタイン地方では三つの輪を狙うのだが、その三つを最初に落した人が「王様」となり、これに反して全く成功しなかった人は「僧侶」となって、ワラ縄を腰に巻いていなければならなかった。

▲ファイストリッツ・アン・デア・ガイル（オーストリア、ケルンテン地方）の「輪刺し」

競技が終わると酒場に出かけて、酒宴とダンスでたのしむのであった。

❖羊飼い競走（Hammellauf）

八月二十四日の聖バルトロメウス（バルトロマイ）の日[1]に行なわれる、マルクグレーニンゲン（シュヴァーベン地方）の羊飼い競走は有名な行事である。八月二十四日の朝、十時半に町長が、行列に囲まれて町役場まで案内される。マルクト広場では音楽隊が待ちうけていて、行列は聖バルトロメウス教会まで進んでゆく。先頭には音楽隊、次いで招待された客、続いて中世の衣裳をつけた騎士が登場する。それはフォン・グレーニンゲン伯であって、郷士や下男、羊飼いの男女を従えている。さらに聖ウルバン像[2]をかかげたブドウ摘み組合が続き、そのあとには羊飼いの旗をもった羊飼いの長と、その日の賞品を持った羊飼い、最後に水運般人と袋競走者が並んで進む。教会での簡単な説教のあとで、行列は会場の広場へと進む。そこは畑の刈り跡であって、三百歩の距離を羊飼いが裸足で競走し、次いで、娘たちが水の入った木鉢を頭にのせて競走する。女羊飼いの競走、袋競走などの様々な行事が行なわれるが、勝利者はそれぞれ祭りの王と女王となり、名誉の王冠のほかに雄羊や雌羊を賞品としてもらう。夜は羊飼いのダンスで締めくくられる。

一般に聖バルトロメウスの日は秋の始まりとされていて、農作業の人たちに午後のおやつは与えられないし、羊飼いは亜麻の衣服をこの日から身につ

▲スーダーリューグム（シュレースヴィヒ＝ホルシュタイン地方）の「輪刺し」

けない。多くの地方では収穫祭や鎌の柄祭が行なわれ(3)、また、ライ麦パンからいろいろな形や象徴の印が切りとられる風習もあった。

▲マルクグレーニンゲンの「羊飼い競走」
（上は1910年頃、下は1860年頃）

(1)聖バルトロメウス（バルトロマイ）は、キリストの十二使徒の一人。小刀で生皮を剥ぐという残酷な刑罰のすえに殉教したと伝えられ、この「小刀」との関連で、肉屋、ブドウ農家などの守護聖人とされる。

(2)聖ウルバン（ウルバヌス）は第十七代のローマ教皇で、三世紀頃の聖人。その由来は不明ながら、とりわけドイツ語圏で、ブドウ農家の守護聖人とされ、祝日の五月二十五日に、ブドウの豊作を祈る行事が行なわれることも多いという。

(3)ラーベンベルクの若枝祭り（Rutenfest）、ゲーラの羊飼い祭（Schäferfest）、ベルリン、シュトラーラウ地区の漁師行列（Fischerzug）、メミンゲンの漁師の日（Fischertag）、ヴォルファルツヴァイラーの雄鶏踊り（Hahnentanz）など。

秋

［九―十一月］

▲オーバーバイエルンの収穫祭
J. M. メッテンライターによる銅版画、1788 年

■収穫の行事

❖収穫の日のしきたり

農民にとって収穫は最大の行事であって、一年中の労働の決算となる重要な関心事である。ドイツでの穀物の刈り入れは聖ヤコブ祭の七月二十五日を境にして行なわれるのか普通であるが、ボヘミア地方では七月十三日の聖マルガレーテ祭や聖ドミニク祭（八月四日）に行なわれた。(1) 一般に収穫の開始は共同体が取り決めていっせいに行なうのであって、各自の勝手な判断は許されなかった。アルトマルク地方では、試し刈りを行なって良しと決まると、その翌日に村長が鐘を鳴らして開始を告げたが、村長の家の下男が最初の刈り取りを終えるまでは、誰も手を下してはいけなかった。アンハルト地方では、村長が稔り具合を調べ、槌を鳴らして開始の日を知らせた。

刈り手はその日の朝、収穫を祈願するため教会に晴れ着を身につけてミサに参加し、大鎌と小鎌を教会の扉に立てかけた。

（1）一般的にはマルガレーテ祭は七月二十日、ドミニク（ドメニコ、ドミニクス）祭は八月八日とされることが多い。

◀収穫冠（Erntekranz）
リューネブルガー・ハイデ（ニーダーザクセン地方）

ヒルデスハイム近郊のボッケネムでは、収穫の始まる四週間も前から、夕方に讃美歌が教会の塔から演奏されて祝福を祈願した。刈り取りの日に毎日祈りは欠かせない。アンハルト地方の農民は、午前と午後、仕事に向かう時には、口を一切利かないでゆっくりと重々しい足どりで進み、仕事につく前に畑にひざまずいて祈りを捧げた。収穫の刈り取りは、上等な衣服、新しい着物、清潔な下着をつけて行なわねばならず、麦を束ねる女性も白い前掛けと胸衣で身を飾り、また刈り手の鎌と帽子にもリボンで美しく飾りをつけてやった。

❖最初の麦束

最初に刈り取られた初穂と麦束には、様々な風習か結びついている。ヘッセン地方では、最初の麦束は五歳以下の子供によって刈り取られ、麦を束ねるのは七歳以下の子供が行なった。子供には幸せをもたらす力があるとされているからである。アンハルト地方では、特別に太めの穂を選び出し、花と一緒に束ねて鎌の柄の先に結びつけた。また最初の穂を十字形に地面に置いて穀物霊（Kornmutter）に捧げる地方もあるし、家に持ち帰って、居間の十字架像の上とか、鏡の上、玄関の間に吊るされたり、聖水撒きとして使用する所もある。

▲干草の収穫風景　モンタフォン（オーストリア、フォアアールベルク地方）

それらは翌年の畑の掘り起こしの時、土に埋められたが、その風習には供儀的性格よりもむしろ、最初の穂には豊饒の精霊が宿っているとの信仰が重要であろう。穀物の精霊が家に幸せをもたらし、穀物の成長を助け、翌年の収穫に恵みを与えてくれると信じているのである。

刈り手が仕事につく前、口を利かないで最初の麦藁を三本とって体につけておくと腰痛を起こさないし、鎌で傷を負うこともないという信仰もある。束ね女が、最初の麦束の上に花束と巻パンと火酒を一本、刈り手頭のためにおいておく所もあるが、その麦束の上に腰を下ろすと腰痛にならないとか、束ね女がその上に坐ると、翌年の稔りが良いとされる所もあった。

❖収穫の運び入れ

最初の収穫を農家に運ぶ馬はリボンで美しく飾りつけられ、御者の帽子や鞭もまた同様に飾りたてられた。しかし荷をのせたり稔り具合を賞めてはいけなかった。そうするとネズミが知って食べてしまうと信じられているからである。アンハルト地方では、最初の馬車が庭先に入ってくると、下男にも馬にも穀物にも、すべて娘たちによって水が浴びせられる風習がみられたが、そのような風習はヨーロッパで各所にみられ、フレイザーは雨呪の慣習と説明している。(2)

(2) J・G・フレイザー『金枝篇』第三(永橋卓介訳、岩波文庫、一九五一年)、二三九頁。

◀最後の麦束
(9本の麦穂で編まれたもの)
収穫後、小屋の戸などに長く掲げられた

❖最後の麦束

刈り取りが終りに近づくと、最後の麦株は刈らないで畑に残しておかれる。それを木の葉や野の花で飾って人形のかたちにしたり、緑の枝、白樺、ポプラの枝や花環をそれに添えて束ねたりする。刈り手はその周囲に並んでひざまずき、歌をうたったり祈りを捧げたりしたのち、そのまわりを踊ったり、それを跳び越えたりした。そうすれば取り入れた麦も腐らないし、納屋も火事にならないとされていたからである。

最後の麦束は、穀物の種類に応じてさまざま名で呼ばれ[3]、穀物霊のために[4]、あるいは「ホレ婆さん」(Frau Holle)のために残しておかれる。バイエルン地方では、刈り残したカラス麦の束を花で飾り、オスヴァルト(Oswald)といわれる人形を作ると、刈り傷を負わなかった事を感謝して、刈り手一同が祈りを捧げた。

多くの地方では最後の麦束は残しておかれるが、それは畑からすべてを奪い取ることをためらう気持とか、翌年の収穫をそれが約束してくれるという期待とか、感謝の贈り物、あるいは穀物霊などのデーモンへの捧げ物――と、理由は様々に考えられる。また所によっては、この最後の麦株まで刈り取られることもある。

カッチャー[5]近郊のランゲナウでは、刈り残しておいた七本の穂を、収穫が終わると根ごと引き抜いて収穫冠を作るのに使った。

▶最後の麦束による収穫冠

(3)麦の種類によって、Roggenmann(大麦)、Gerstenmann(ライ麦)、Hafermann(カラス麦)などと呼び分けられる。また別にErntemann, Schewekerl などとも呼ばれる。

(4)一例をあげると、ザクセン地方、シュレージエン地方ではStoppelhahn, フルダグルントではgute Frau と呼ばれる穀物霊の存在が信じられていた。

(5)カッチャー Katscher はシュレージエン北東部の町、現ポーランドのキエトシュ。

❖穀物霊デア・アルテ

よく知られている穀物霊の一つに「デア・アルテ」（じいさん、der Alte）があるが、彼は人間に収穫を与えることを喜ばないで、麦の稔りを妨げるといわれる。しかし最後の切り株には、逃げ場を失ったデア・アルテが隠れ潜んでいるから、それを結んで刈り取れば、彼を捕まえることができると信じられた。人々は刈り取った最後の麦束もデア・アルテと名づけて、これに上衣を着せ、ズボン、古帽子をかぶせて農家の主人の所に持参し、仕事じまいの時の祝宴に飾った。このデア・アルテには食事も飲物も供えられ、最後の麦束を束ねた女性が、この藁人形と最初にダンスを始め、残りの手伝いの女性も一度ずつ人形と踊った。その人形は館の玄関か納屋に、翌年の収穫まで保存されるのが例であった。

◀最後の麦束による人形
（上）デア・アルテ（Der Alte／じいさん）
（中）ディ・フーレ（Die Hure／あばずれ）
（下）ディ・コルンアルテ（Die Kornalte／麦わらばあさん）
上はメクレンブルク地方のアンカースハーゲン
下２点は東プロイセンのフィッシュハウゼン（現ロシアのプリモルスク）

❖収穫の雄鶏

最後の麦束はまた、「雄鶏」「収穫の雄鶏」ともいわれ、雄鶏の形に結ばれた。木、穀物の穂、花などでこしらえた「雄鶏」が収穫の馬車の前部に取りつけられることもあり、多くの所では、最後の麦束の飾りが最後の収穫を運ぶ馬車へと移って行った。馬車は花環や緑の小枝やリボンで装われていて、ヴェストファーレン地方では、「雄鶏」のくちばしにあらゆる種類の土地の稔りをくわえさせた。時としてこの「雄鶏」を、馬車に積んだ五月柱の梢につける車もあった。マクデブルク近郊の最後の馬車には花冠を吊るす風習があって、冠の上には木製の「鶏」(Anrehahn)が立っていたが、この鶏は荷を降ろしたあと、納屋の門の上におかれて、翌年まで大切に保管されたのである。

賑やかな収穫仕舞いの宴会のあとは、納屋の土間や母屋の広間でダンスが行われたが、その皮切りには、主人が刈り手の女性と、主婦は刈り手頭と輪舞を行なうのがきまりであった。

▶小屋の戸口に掲げられた「収穫の雄鶏」ヘクスター(ヴェストファーレン地方)

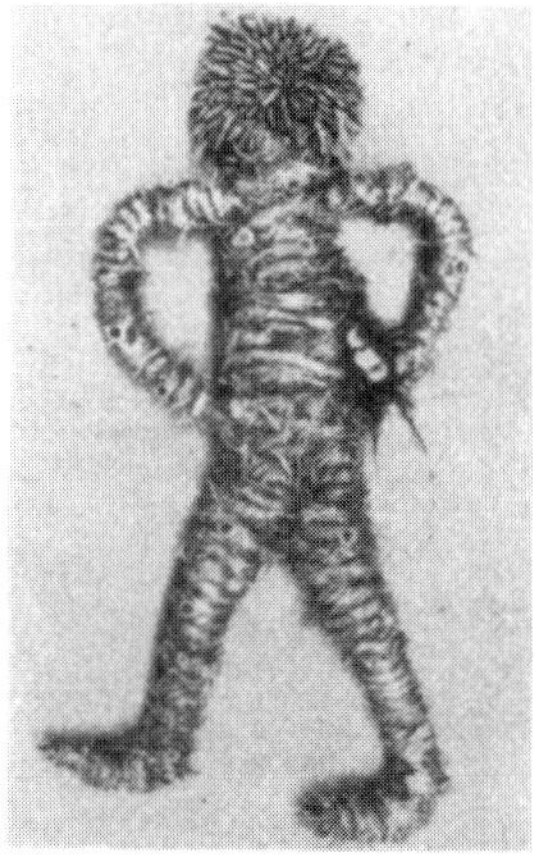

▲ポンメルン地方の「収穫人形」(Erntewode／左)と「デア・アルテ」(右)

■聖ミカエル祭　九月二十九日

Michaelstag / Michaeli

❖犂《すき》をしまう

最後の麦束が納屋に収められ、楽しい収穫の祭りも終わると、戸外の労働も最早少なくなり、農家は再び灯火の下で家内仕事にいそしむ季節に入る。聖ミカエルの日が農作業にとって一つの区別りとなっているのは、次の格言からもうかがわれる。「四旬節に犂が納屋から引き出され、聖ミカエルの日に再び仕舞い込まれる」。

❖灯火祭――機織りの季節を迎える

昼の時間は短くなり、夕方早くから灯火をつけねばならない夜長のこの季節は、女性にとって糸つむぎ、機織り仕事の季節となる。聖ミカエルの日は、夜なべ仕事の始まる日であって、家のもの一同に特別のごちそうが出された。「聖ミカエルのガチョウ」（Michaelsgans）はニーダーライン地方の名物である。ヴュルツブルクでは、職人たちが宴会をしてこの日を祝ったが、それには親方が「灯火祭の焼肉」（Lichtbraten）とか「灯火祭の焼ガチョウ」（Lichtgans）を

■ミカエル（ミヒャエル）は、聖書に登場する大天使。「ヨハネの黙示録」で龍（悪魔）に戦いを挑み、天から追い落とす場面がよく知られ（一二：七）、しばしば龍を退治する騎士の姿でイメージされる。また死者の魂を天上に送り届ける天使ともみなされ、最後の審判では魂の秤量者の役をつとめる。

この日を祝日とするのは、五世紀に教皇レオ一世がローマにこの天使に献げる聖堂を建立、それがこの日に祝別されたことにちなむものという。

なお現在のカトリック教会ではこの日を、ガブリエル、ラファエルをくわえた、三名の大天使の祝日と定めている。

英語ではミクルマス（Michaelmas）、やはり秋の節季日として重んじられ、秋祭りが行なわれることも多かった。

提供して、この日から始まる夜なべ仕事に力づけをしたのであった。

ルクセンブルクでは聖ミカエル祭の前夜は、三王来朝の日（一月六日）、聖マルチン祭（十一月十一日）と並んで、ご馳走をして家族中で祝ういわゆる「ご馳走日」であった。三王来朝の日には豚肉、聖ミカエル祭には鶏肉、聖マルチン祭にはガチョウが供された。

この日はまた魔女が出没すると信じられ、畑仕事、紡ぎ仕事、種まきは禁止された。いたる所で燃やされた祝火には、邪気払いの意味もこめられていたのである。

農家にとっては、この日は雇人を更新する日でもあり、利子の支払、租税を納めたり、債務の返債など、重要な日となっている。

◀最後の審判における「魂の秤量者」としての聖ミカエル
祭壇画、1500年頃
チューリヒ美術館

■キルメス／教会堂開基祭

Kirmes / Kirchweih

（たいていは十月の第三日曜日）

新築された教会の清めの日を記念するキルメス（教会堂開基祭）は、それ自体、秋の季節と結びついているわけではないが、農作業が一段落を告げ、ゆっくり保養のできる秋に行なわれるのが通例である。農家は、友人や親戚を招待して、家族と一緒になし終えた一年の仕事を顧みて、神に感謝し祝いの宴を持つのである。キルメスはしたがって家族の祭りであるから、シュヴァルツヴァルトの人たちは、亡くなった家族の墓を訪れ、浄めの水をかけて、死者をもこの喜びにあずからせた。

❖菩提樹の下で

若者たちにとって、キルメスの楽しみはダンスであった。会場となる大きな菩提樹が立っている牧草地まで、若者たちは金箔銀箔で飾ったキルメスの花束を持って行列して行き、様々な遊びを行なった。目隠しをして壺に棒を投げ合う「鶏たたき」（Hahnenschlagen）や、晴れ着をまとった娘たちによる「鶏の花嫁」（Hahnenbraut）も行なわれた。

■「キルメス」Kirmesは「キルヒ・メッセ」Kirch-Messe（本来は教会のミサ、またそれにあわせて立つ市、の意）の略。昨今のドイツでは、この祭にあわせて移動遊園地がしつらえられて人気を博しており、「キルメス」はもはや移動遊園地と同義語に近いという。デュッセルドルフ（七月中旬）のように、秋以外に行なわれる「キルメス」が存在感を増し、季節感もまたいくらか様変わりしているようである。

▲農民たちの野外でのダンス　銅版画、D. ホップファー、16 世紀

❖キルメスの「五月柱」

中部フランケンでは、キルメスは「五月柱」をたてることから始まる。祭の前日、若者たちは馬車に乗って森にでかけ、大きく立派な樅の木をとって来る。この木は樹冠を残して枝を払い、花飾りを幹に巻きつけて村の広場に立てられる。祭の当日には、この柱のまわりで競技やダンスが行なわれる。ソーセージ刺し、袋競争、レスリング、射的会、騎馬競争などで楽しく遊ぶ。また五月柱の先端には花環やワインが吊るされていて、若者たちは賞品と名誉を競って木登りを試みた。

❖祭の「埋葬」

祭はキルメスを象徴する人形、ワイン、ごちそうの一部などを地中に埋葬する行事で締めくくられた。中部フランケン地方のレールベルクでは、若者も娘もシャベルを手にして、

楽隊をともなって町はずれの目的地まで行進してゆく。その中には死人をよそおって担架で運ばれていく一人の若者がいる。目的地に着くとそこに穴が掘られ、死人の若者が横たえられた後、その上にビール、ワインが注がれた。その周りで人々はリボンを編み込んだ柳の枝を持って輪舞し、去りゆくキルメスを送ったのである。

ホンブルクでは豆がらを体全体にまとった若者が、病気をよそおって埋葬の場所におもむく。掘りあげられた穴の中に身につけた殻を落とし、楽隊の葬送の曲と共にそれに火がかけられたが、穴をとり巻く若者も娘も観客も泣く真似をしなければならなかった。ヘッセン地方では人形や火酒（Kirmes-flasche）が埋められ、祭りの終熄とされた。

▲キルメスの風景　木版画、ハンス・ゼバルト・ベーハム、1535年

■万聖節　十一月一日　Allerheiligen

万聖節は元来、六一〇年にローマのパンテオン（万神殿）をキリスト教の教会に変え、これを聖母マリアと殉教者たちに献げたことを記念する日（当時は五月十三日）として始まったが、これが八三五年、グレゴリウス四世によって十一月一日に移され、殉教した全聖者のための祝祭日として正式に定められたという[1]。

❖冬のはじまり

ドイツでは万聖節は、翌日の万霊節の前祝いの日であって、藁で編んだ聖者像を家の前や共有地に立てて祀ったが、これは収穫の終了を告げると同時に聖者に感謝を捧げるものと考えられる。この日と共にドイツでは冬が始まるとされた。したがって万聖節には、羊飼いや農作業の手伝い人に賃金が支払われた。

■カトリックでは「諸聖人の祭日」を正式名称とする。英語ではAll Saints' Day, All Hallows, Hallowmasなどとも。ちなみに北米から世界に拡がった「ハロウィン」は、言葉としてはこの Hollow の前夜、Hollow Eve のなまったものという（祭の内実はアイルランド移民が持ち込んだケルトの収穫祭・祖霊崇拝の流れを汲み、キリスト教とは異質のものとされる）。

（1）R. Beitl (Hrsg.): Wörterbuch der deutschen Volkskunde, 3. Aufl., Stuttgart 1974, S. 13.

Das Fest Allerheiligen.

▶W. アウアー『聖人伝』（1890年）より

❖死者の魂を弔うパン

シュヴァーベン地方ではこの日に、死者の魂を供養する「霊のパン」(Seelen-brot) が焼かれ、子供たちに与えられた(「万霊節」の項を参照)。エヒンゲンでは「亡くなった人の魂に心からお祈りを捧げるように」とメッセージが添えられていた。デリンゲン(ホイベルク地区)では、お祈りした数を記するため、刻み目のついたお祈り棒(Betholz)が使われた。

▲万聖節の前夜、ザルツブルクの墓地

■万霊節　十一月二日　Allerseelen

死者の魂を鎮める記念祭はどの民族にもみられるものだが、ドイツでは九九八年からベネディクト会修道院で行なわれていたのを、教皇ヨハネス十四世が一〇〇六年、カトリック教会全体に導入して以来、盛大に祝われるようになった。バイエルン地方やオーストリアでは、死者の魂の葬いは十月三十日から十一月八日まで続き、この期間は「慰霊週間」(Seelenwoche)と称されて、身内の者が集まって先祖の霊を慰める。人々は行列を作って墓地に向かい、美しい色ガラスでできた万霊節燈を灯して、亡き人たちを追憶し花束を捧げるのである。

❖死者迎えの鐘

チロル地方では昼の十二時に「死者迎い入れの鐘」(Toteneinläuten)を一時間鳴らす風習がある。その鐘の鳴り響く間に人々は、教会のまわりを三度めぐって家族の墓に訪れた。ここには、鐘が鳴っている間に死者の魂は煉獄の

■カトリックでは「死者の日」が正式。英語ではAll Souls' Day. 没後、煉獄にあって霊魂が浄められるのを待っていると考えられた、死者の魂のために祈る日。

▶W. アウアー『聖人伝』(1890年)より

業火を逃れ、永遠の至福を得られるのだという信仰がある。

❖死者への心づかい

しかし永遠の至福を得られぬ魂も、万霊節の終わりの礼拝の時までの一日は、煉獄から逃れて彼らのかつての故郷、生家を訪れることが許される。それゆえ、万霊節の日には、煉獄の業火に苦しむ霊のために、その傷を癒すようにと脂肪をつめた小さな器をテーブルに用意したり、台所や部屋に石油ランプや獣脂ランプを灯したりしておく。油を塗れば痛みもやわらぐとの心づかいである。また、火責めに苦しむ霊のために冷たい牛乳を用意しておく所もみられるし、さらには、冷たい氷の責苦にあえぐ霊を思い、部屋の中を充分に暖めておく所もあった。

万霊節の翌朝に、すべての鐘が再び打ち鳴らされて礼拝が始まるまでは、霊魂は風にのって自由にあたりを動きまわる。したがって彼らを傷つけ

▲万霊節当日の墓地　ミュンスター、1985年

ぬように様々ないましめが語られている。主婦は塩を火の中に投げ入れてはいけない。霊が目に入れて苦しむからである。ナイフは刃を上にして置いてはいけない。その上に坐ると彼らが傷つくからである。台所に運ぶ薪も床に投げ出してはいけない。彼らに当るかもしれないから。また窓や戸も乱暴に閉めてはいけない。

❖霊への供物

万霊節の夜にはごちそうがふるまわれるが、食事の大部分はそのまま手をつけずにテーブルの上に残しておく。これは霊への捧げ物であって、翌日貧しい人たちに分け与えられた（チロル地方）。万霊節の供物は、このようにしばしば貧しい人たちや子供たちへの贈り物となった。

万霊節のおきまりの姿パン[1]はもっぱら生きている人たちが食べ、死者の霊にはテーブルのごちそうのほか、脂でいためたヌードルを火の中に入れてやったりもした。

人々は先祖の霊を想い、万霊節の終わりを告げる鐘の音が響きわたるまで、静かに一日を送るのである。

（1）「姿パン」（Gebild-brot）は、新年、謝肉祭、復活祭などの節目や結婚式、葬式などの折に焼かれたパンで、様々な動物や図形などをかたどったもの。万霊節に焼かれる「姿パン」は、霊への供物として、Armseelenbrot, Seelstücke, Seelchen, Seelenbrätzen, Totenbrot など、様々な名で呼ばれる。

▲左：ミュンヘンの「万霊節のパン」（Seelenzöpf）／右：「姿パン」の例

▲万霊節のパン（上）と、死者を供養する「屍板」（Totenbrett）

▲現代のドイツで秋最大のイベントといえば、まず「ミュンヘンのオクトーバーフェスト」の名があがるが、これは1810年、バイエルンの王太子ルートヴィヒの結婚をことほぐ祝典としてはじまった、比較的新しい祭である。上は1835年の祭の様子、また下は、祭の名物ともいうべき、ビール樽を積んだ馬車による仮装行列。

冬

［十一―一月］

■聖マルチン祭　十一月十一日

Martinstag / Martini

■聖マルチン（マルティヌス）は四世紀の聖人（三九七年没）。本文に紹介されているマントの聖譚により、兵士、仕立屋、物乞いの守護聖人。日本のカトリック教会では「ツール司教聖マルチノ」を正式とする。

❖冬迎えの日

古い天気占いの文句に「聖マルチンは白馬に跨ってやってくる」とあるが、白馬は初雪の象徴であって、一般に田舎では、十一月十一日の聖マルチン祭を期して冬の始まりとされた。この冬迎えの日は、飽食し酒を存分に楽しむことで過された。山や野の放牧から連れもどった家畜を、翌年の繁殖に必要としたもののほかはすべて屠殺し、その肉は保存用に加工したが、その新鮮な肉の一部はこの日にたんまりと食用に供された。この年の新しいワインもちょうど飲み頃とあればこれも当然であろう。グリンメルスハウゼンの『阿呆物語』にも次のような描写がある。

　その頃聖マルチン祭が訪れた。この祭りを迎えると、私たちドイツ人は牛飲馬食をやり、それがある程度カーニバルまでつづく。私は町民からも将校からも招待

▶W. アウアー『聖人伝』（1890年）より

され、あちこちの家でマルチン祭のガチョウを御馳走になった[1]。

❖マントを分け与える

聖マルチン祭は、十一月十一日にトゥールの地に埋葬された大司教マルチンを記念して祝日に定められたものである。「ある寒い冬の日、マルチンが市門を通りかかると、一人の貧しい男が薄物一枚を身にまとって震えていた。マルチンはとっさに剣を抜き放ち、身につけていたマントを二つに切り裂きその片方を裸同然の男に分け与えた」というあの有名な聖譚は、彼が十六歳の時、コンスタンティヌス帝の軍に加わってアミアンの冬の陣営にいた当時の話である。やがて彼は軍役を退き、後にトゥールの大司教にまでなったが、慈悲深い彼のこの行ないは歌にもうたわれ称えられた。たとえばニーダーライン地方では聖マルチンの夜、子供たちが「マルチンさまは雪と風をついて馬を駆り／疾風のごとく愛馬は先へと急ぐ……」とこの聖譚を歌いながら行列をして歩く習わしがある。

ちなみに宗教改革以後、ドイツの新教地区では十一月十日のマルチン・ルターの誕生日がマルチン祭として祝われ、行列で歌われる歌詞もルターを唱

▲物乞いにマントを与える聖マルチン
17世紀前半、ズエルモント＝ルートヴィヒ美術館、アーヘン

（1）グリンメルスハウゼン『阿呆物語』中巻（望月市恵訳、岩波文庫、一九五四年）、一〇〇頁。
（2）ハルツ地方にあった伯領。

う内容に変っていった。

❖小作料の鶏

この日はまた庶民の経済年度の締めくくりの日となっていて、小作料、十分の一税、利息などの支払日でもあった。ホーンシュタイン伯領[2]のハーフェルンゲンでは、聖マルチンの日に領主に鶏を献納しなくてはならなかった。村の牧草地に領主と村人が集まり、鶏を深い籠の中に入れて、その籠のふちを飛び越す勢いをもった鶏だけを領主は受け取った。そのため皆は大声ではやしたてて、籠から鶏を飛び出させようと努めるのであった。「顔を火のように真赤にして怒る」という意味でつかわれる«Er wird rot wie ein Zinshahn»（直訳すると「小作料の鶏のように赤い」）という表現はこの風習に由来するものである。

❖マルチンの若枝

経済年度が終わると共に奉公人たちの契約期間も終わりを告げる。したがってこの日は、雇人たちの引越

▲デュッセルドルフの聖マルチン祭（1860年頃）
木版画、1863年

日にも当たった。また放牧期が終わるので、牧夫が家畜の持主から賃金を受け取る日でもあった。

中部ドイツでは、この日牧夫が妻を伴って農家をまわり、柳の木の皮で作った牧笛に合わせて陽気な歌をうたい、ソーセージ、ラード、卵などをもらって歩く風習もみられた。

またバイエルン地方やオーストリアでは、牧夫が聖マルチンに変装して農家をまわり、霊験あらたかな「マルチンの若枝」(Martinsgert)を手渡した。これは白樺の枝に樫の葉や杜松の枝が一緒に束ねられたもので、前もって教会で清めを受けてあって、様々な厄除けとなる。農夫たちはそれを家畜小屋の戸口、干草棚や屋根の上に差しておき、翌春、家畜を初めて追い出す時、手伝いの女たちがお決まりの言葉を唱えながらこの枝で追いたてるのであった。

❖祝火

聖ミカエル祭の場合と同じように、昔はこの日にもライン地方では丘の上で焚火の行事がみられた。ケルンとコブレンツの間では、丘の上やラインの河沿いに無数の火が燃やされ、ジーゲンゲビルゲの山々がライン河に映える焚火の輝きを受けて赤々と浮びあがったといわれる。

▲贈り物をもたらす聖人としてのマルチン　19世紀末の銅版画

マルチン祭が近づくと、子供たちは薪を集めて廻りながらお決まりのマルチン祭の歌をうたった。しかし今では焚火の風習は次第に少なくなり、灯火や提灯をもった行列にかわってゆき、それも子供たちの「おねだり歩き」にかわってきている。

❖聖マルチンの袋

ライン地方のラインベルクでは、マルチン祭の日には、もう一つ子供を喜ばせる風習があった。この日の宵に家の天井に菓子、リンゴ、クルミ、さらにはジャガイモやカブまで詰めこまれた「聖マルチンの袋」（St. Martinssack）が吊るされた。それには長い紙の帯がついていて、部屋を真暗にしてそれに火がつけられた。子供たちが手をつないで歌をうたっている間に、その袋に火がついて詰め物が床に落ち、それを子供たちが闇の中で手探りしながら奪いあうのであった。

❖ワインとガチョウ

これに対して大人の楽しみは、マルチン祭のワインとガチョウの丸焼きといえよう。というのも昔から、ドイツのワイン地帯ではこの日に新しいワイン樽の栓が抜かれたからである。この日には領主や修道院、教会などにワインを納めねばならない所もあったし、その逆に、ヴュルテ

▲聖マルチン祭の提灯行列

ンベルク地方のように、各修道院の院長が地区の全住民に「マルチン・ワイン」を贈る風習もみられた。

昔からマルチン祭のごちそうといえばガチョウの丸焼きである。聖マルチンとガチョウの結びつきについても有名な聖譚があって、民謡にも歌われている。「マルチンがトゥールの大司教に選ばれる日に、彼はまだ自分が若年であるので身を隠して免れようとした。しかし身を隠した所に居合わせたガチョウが大声をだして彼の居場所を教えたために、彼はその職を引き受ける破目になった」というものである。

さらにマルチンとガチョウとの関係については一説では、ガチョウは犬、カラス、白鳥などとともにゲルマンの収穫の神ヴォーダンに捧げられた聖なる鳥であったが、それが後にゲルマン人のキリスト教化とともに聖マルチンに移されたともいわれる。

ヴォーダンとガチョウの結びつきは、たとえばこの日に捧げられたガチョウの叉骨の肉の色合でその冬の天気が占われたことにも現われていて、肉が白味がかっていれば厳しい冬、黒味がかっていれば穏やかな冬となると言われた。しかしマルチン祭とガチョウの結びつきについて最も明快で素朴な解釈は、ガチョウはこの頃一番脂がのって美味である上に、もはや戸外で飼うことができないのでこの時期にガチョウが数多く食べられた、ということで

▲「マルチンのガチョウ」（ガチョウの丸焼き）　左は 17 世紀初頭の料理書より

あろうか。中世の格言にも

マルチン祭にはガチョウ、
ニコラウス祭にはソーセージ、
ブラシウス祭〔二月三日〕にはウサギ、
四旬節第三主日にはニシンを食すべし

とあって、聖マルチンとガチョウの結びつきの古いことを証明してくれている。

▲ピーテル・バルテンス《聖マルチン祭》 16世紀後半、アムステルダム国立美術館

待降節

（クリスマス前の四週間）

Adventzeit

聖アンデレ祭（十一月三十日）
聖バルバラ祭（十二月四日）
聖ニコラウス祭（十二月六日）
［聖ルチア祭（十二月十三日）／聖トマス祭（十二月二十一日）］

救世主キリストの誕生を祝賀する準備期間である待降節にはさまざまな新年の風習がみられるが、これは新しい教会暦で一年の始まりが待降節の第一日曜日に移されたことに由来するものである。一般的には待降節は身を慎しみ静粛に過す期間であって、踊りや派手な結婚式などは避けられていた。この期間にはいくつかの関連しあった祭があり、部屋のドアにクリスマスまでの祝日の一覧表が書き込まれている家も多かったという。その中で主だったものは聖アンデレの祝日（十一月三十日）、聖バルバラの祝日（十二月四日）、聖ニコラウスの祝日（十二月六日）、聖ルチアの祝日（十二月十三日）、聖トマスの

■十一月三十日の「聖アンデレ祭」に最も近い日曜日からクリスマス・イブまでの約四週間。最も早い年で十一月二十七日、遅い年でも十二月三日に始まる。この始まりの日を「待降節第一主日」と呼び、その後、第二、第三、第四と主日が続く。

▲待降節にあわせて用意されるアドヴェント・クランツ（葉環）
4本のロウソクを立て、日曜日ごとに1本ずつ火を灯す

祝日（十二月二十一日）などであり、さらにはクリスマスまでに三度やってくる木曜日に行なわれる、いわゆる「どんどん夜」も民間の重要な行事であった。

◀スウェーデン式の「聖ルチア祭」
聖ルチアに扮する女性は、
白衣にロウソクの冠を身につけ、
手にもロウソクをもった。
19世紀

▼「クリッペ」と呼ばれる、
キリスト降誕の場面を再現した模型
モラヴィア地方

■聖アンデレ祭　十一月三十日　Andreastag

❖恋占い

聖アンデレ（アンドレアス）の祝日には、民間信仰にもとづいた様々な占いが行なわれた。ゲーテの『ファウスト』第一部の「市門の前」の場面で、老婆に話しかけられた町家の娘が次のように言う。

アガーテ、あっちへ行きましょうよ。あんな魔法使いのお婆さんと人なかで話をするなんて、気をつけなくちゃ。
聖アンドレアスさまの晩に
わたしの未来の夫の姿を見せてくれたことはあるんだけれど。(1)

（八七六―八七九行）

この言葉にみられるように、若い娘たちはこの夜、さまざまな形の恋占いをした。鉛を溶かして水に注ぎ、その時できた形で未来を占う鉛占いが一般的であるが、そのほかの恋占いの主だったものをあげてみよう。

■聖アンデレ（アンドレアス）は、キリストの十二使徒のひとり。ペテロの兄弟で、最初の召命者。ギリシアのパトラスでX字形の十字架にかけられて殉教したと伝えられる。

▶S. ロッホナー《聖アンデレの殉教》祭壇画部分、1435年頃、フランクフルト美術研究所

（1）引用は手塚富雄訳による（『ファウスト　悲劇第一部』、中公文庫、一九七四年）。

❖ロウソク流し

ボヘミア地方では、クルミの殻を使った「ロウソク流し」(Lichtelschwimmen)と呼ばれる占いが行なわれた。娘たちが小さなロウソクに火をともして集まり、娘の数の倍の数のクルミの殻を水を張った大きい鉢に浮かせる。娘たちは持参したロウソクをその殻の上に立てた後、残りの殻のそれぞれに心のうちで、若者たちの名前をつけて静かに見守る。自分の殻の所に最初に近づいてくる殻の男性が将来の伴侶となるというものである。

❖夢枕に将来の夫が

ザクセン地方では、この日の夜、娘たちが後向きでベッドに入りながら次のような文句を唱えると、将来の夫が夢枕に立つといわれた。

聖アンドレアス様　私の愛しい人の姿をお示し下さい。
その人の歩む姿　その人立姿を
私と並んで祭壇の前に進む姿を。
幸せになれるものならビールとワインを飲んでいる
その人の姿を。苦労するのであれば
水を飲み、パンを噛っているその人の姿を。

◀チューリンゲンの娘たちの「鉛占い」
E. ヘルガー(1907年没)画

❖垣根をゆさぶる

ハルツ地方では、娘たちは垣根をゆさぶって次のように唱え、自分の未来の夫がどのあたりに住んでいるかを知ろうと耳を澄ました。

この木ゆさぶり、お願いします
どうぞお願いアンドレアスさま
私の良い人どこからくるか
犬に吠えさせ教えて下さい

このほかスリッパを使っての占いも行なわれていた。この日の真夜中十二時に娘が後向きになって、スリッパを頭越しにドアの方に投げる。スリッパの先端がドアの方に向いていれば、一年のうちに求婚者が現われて、その家を去ることになるというのである。

▲ポンメルン地方の「スリッパ占い」 19世紀

■聖バルバラ祭　十二月四日

Barbarastag / Bärbele

❖バルバラの枝

聖アンデレの日にも行なわれていたが、特に聖バルバラの祝日には、桜の枝を切りとって「バルバラの枝」(Barbarazweig)を作って暖かい部屋の水差しの中に入れておく風習があった。これは占いの意味を持ち、その枝が芽をふいてクリスマスに花をつければ恋がかない、また子宝に恵まれるとされていた。その枝にそれぞれ自分の名前を書いた紙片を吊しておくこともあった。この「バルバラの枝」は、春や夏のさまざまな行事に登場してくる、あの祝福を与え恵みをもたらす「生命の若枝」の先駆けになるものと考えられる。

＊

十二月二十一日の**聖トマス祭**も、一年中で最も夜の長い日として特別の日であって、年の変り目に行なわれる数多くの風習がこの日と結びついており、恋占いも盛んに行なわれた。

◀聖バルバラは、塔に閉じこめられたのち剣で斬首されて殉教したと伝えられ、塔や剣とともに描かれることが多い。14救難聖人の一人だが、とりわけ危難に際して呼びかけられることが多かった。大工、石工、鉱夫、囚人らの守護聖人。

図は1685年頃の木像。
オーストリア、シュタイエルマルク地方のフラウエンベルク巡礼教会

▲バルバラの枝

■聖ニコラウス祭　十二月六日　Nikolaustag

待降節の数々の祝日の中で、ひときわ目立っていて、様々な行事で彩られているのが聖ニコラウスの祝日（十二月六日）である。クリスマスの行事が世間一般にひろまるまでは、聖ニコラウスの日が、子供たちが最も待ち望んだ楽しい祝日であった。この祝日の名前の主ニコラウスは、小アジアのミュラの有名な司教であって、三五〇年に没している。彼をめぐって数多くの聖譚があったが、それに五六四年に没したシオンの僧院長ニコラウスの聖譚も加わって、数世紀を経るうちにニコラウスは、東方教会の最も有名な聖者の一人となった。

▶従者ループレヒトを連れたドイツの聖ニコラウス

❖子脅しの風習とキリスト教

ドイツにニコラウス崇拝が定着したのは十世紀ごろで、主としてラインラント地方を中心としてひろまっていった。しかし彼の祝日を中心としてその前後の数日にみられる様々な民間習俗の起源は、このニコラウスとはかかわりのない、別な所に存在するように思われる。

▲《嵐を鎮め船を救う聖ニコラウス》
ジェンティレ・ダ・ファブリアーノ、
1425年、祭壇画、ヴァチカン美術館
◀《黄金の球を投げ込む聖ニコラウス》
15世紀初、壁画
南チロル、シェンナ（イタリア名シェーナ）の
ザンクト・ゲオルク教会

聖ニコラウスには、ニカエア公会議からの帰途、嵐に遭って難破した船を救ったとの伝説があり（上の図版）、とりわけ南欧では船乗りや旅人の守護聖人。

また別に、3人の娘の結婚持参金として黄金の球を投げ込み身売りから救った（左の図版）、あるいは、樽の中に塩漬けにされた3人の男児を生き返らせた、といった伝説もあり、贈り物をもたらす聖人としての貌には、後の二つの伝説が深くかかわっていると思われる。

▲ブッツェンベルヒト（Butzenbercht）
18 世紀の木版画
◀子喰い鬼（Kinderfresser）
17–18 世紀の木版画

両者とも、17–18 世紀の子供たちに恐れられた「妖怪」あるいは「悪霊」。

人々は昔からクリスマス前の数週間に、様々な仮装をした子脅しが家を一軒ずつ廻って歩き、子供を脅すと同時に贈物を配るといった行事に慣れ親しんでおり、その子脅しの人物には、ニコラウスとかループレヒト（Ruprecht）といった、キリスト教にゆかりのある名称がつけられている。しかしその子脅しは元来、古代ゲルマンの民間信仰からくるもので、人間に禍いをもたらすデーモンを表すものであり、キリスト教の導入の後、彼らに聖者の名前を与えて明るいイメージに変えようとしたことから、現在の呼び名になったといわれている。

❖ニコラウスの訪問

北ドイツや南ドイツの多くの地方では、聖ニコラウスの祝日の前夜に、ニコラウスが白く長い髯をたくわえた優しい老人の姿で現れたり、恐い仮面をつけた姿で現れたりした。ロバに乗って来る場合もあるが、枝を束ねた鞭を手にして、大きい袋を肩にかついで重々しい足どりで家の中に入ってくる。子供たちはこの日のくるずっと以前からニコラウスに特別の祈りを捧げ、角ばった棒（Klausenholz あるいは Betholz などと呼ばれる）に切れ目を刻んで、主の祈りを何度唱えたかを正直に記録しておく。ニコラウスは家にはいるなり、子供に荒々し

◀子供たちを脅す「従者ループレヒト」
J. F. v. ゲッツによる銅版画、1784年

い調子で祈りをきちんとしたかどうかとたずねる。お祈りを良く覚えこんだ行儀の良い子供には、クルミ、リンゴ、レープクーヘンなどの食物を与え、行儀の悪い子供には鞭がお見舞いされた。ニコラウスがやってくる時は前もって窓を叩いて知らされたが、その合図がきこえると子供たちは一様に不安におののいた。それは子供たちの次の歌にみられるように、ニコラウスは鞭を手にした恐い存在であったからである。

時計が七時をうつと
ニコラウスが風のようにやってきて
大きいほうきの柄で
しこたま子供をひっぱたく。

しかしその反面、ニコラウスは子供たちに贈り物をもって来る優しい聖者でもあって、彼らの待ち望む人物でもあった。

ニコラウス様、袋の中に土産が

▶子供を袋につめようとする
聖ニコラウスの従者
J. J. メッテンライター（1825没）
による銅版画

▲聖ニコラウスと従者たち

上：ゲスニッツ
（オーストリア、シュタイアーマルク地方）
中：プラークス
（南チロル、イタリア名ブラーイエス）
下：ザンクト・ファイト
（オーストリア、ケルンテン地方）

あればようこそお越しを。
持っているならおはいり下さい。
何もないなら、とっととお帰り。

ドイツとオランダの国境の地方では、この祝日の前夜に子供たちは皿や鉢を玄関の前においたり、窓から袋や靴下を吊り下げてニコラウスの訪問を待ちうけていた。紙で作った小さな舟を置く場合もあった。

❖ニコラウスの姿、呼び名、現れ方

ニコラウスは所によって様々な姿をして現れる。司教の服を身につけた優しい老人の姿となっている所もあるし、一人で現れるのではなく恐い子脅しを連れている所もあるし、ニコラウスと子脅しが一人の人物になってニッケル（Nickel）あるいは従者《クネヒト》ループレヒト（Knecht Ruprecht）と呼ばれている所もある。[1] またニッケルあるいはループレヒトが幼な児キリスト（クリストキント）[2]を連れていたり、また幼な児キリストだけが現れる地方もある。

❖祝福をもたらす精霊

このようにその姿や現れ方、その呼び名もさまざまではあったが、昔はニコラウスの贈り物の中に必ず若枝が添えられていた。このことからわかるよ

▲ベルヒテスガーデンの聖ニコラウスの従者、「ブット」(Buttenmänner）たち

（1）呼び名はさらに地方によって、Hans Trapp, Pelznickel, Hans Muff, Klau bauf, Rumpanz などとさまざまである。
（2）クリストキントについては、補説の第3節「クリスマス・プレゼント」（二四三頁以下）を参照。

うに、この聖者は元来、祝福をもたらすデーモンであって、家に幸せと繁栄をもたらすものであったと考えられる。家を訪れる時には、ニコラウスとその従者は鈴を響かせ、鎖を鳴らして登場するが、これはこの時期に多くの村々でみられた魔物払いの騒音行列の名残りとも推測できよう。

❖どんどん夜

待降節の期間には、若者の盛大なおねだり行列の「どんどん夜」がある。これはクリスマスの前の三度の木曜日の夜に行なわれる行事であって、若者たちは歌をうたいながら、手にした細枝やハンマーで戸を叩いたり、戸や窓に豆や小石を投げつけては、家々をめぐって祝儀を集めるのである。そのためこの行事は「どんどん夜」(Klöpflesnächte, Klopfarztag, Knöpflinsnachte など)と呼ばれた。

この行事が木曜日に行なわれるのは、木曜日が雷神ドナルに捧げられた聖なる日であることと関連すると思われる。一般に民間信仰では木曜日は吉日とされる場合が多いが、それとは逆に不吉な日とされている場合もある。しかしその相違は源をたどれば同じ所からくるものである。ドナルを神聖視するゲルマンの見方をとるか、それともキリスト教の影響で、古代ゲルマンの神々を悪魔の列に加えた後の見方をとるかによるのである。

◀「どんどん夜」の子供たち 1920年

豆類を投げつけるのも、豆が古代ギリシア・ローマ時代を通じ、さらにはドイツの俗信においても霊たちの大切な食物とされていたことと関係があるといわれている。シュレージエン地方では待降節には豆を口にしてはいけなかった。豆は霊たちの食物であって、人間がたべると腫物ができて報いを受けると信じられていたからである。

いくつかの地方には「どんどん夜」に独特の風習がみられる。たとえばチロル地方のピラーゼーでは、「どんどん（Anklöpfl）の木曜日」と呼ばれ、「どんどんのロバ」（Anklöpfesel）と名づけられたロバをひいて廻った。それはロバの骨組をくんでそれに頭をつけ、白いシーツをかぶせて鞍を乗せたものであって、二人の若者がその中に入る。上には陽気な男が乗って従者を伴って歩く。さらに仮装のジプシーや魔女を従えて賑やかに騒いで農家をまわり、祝儀を集めるのであった。

ザルツブルク地方では、マリアとヨゼフの宿探しになぞらえて「聖母運び」の行事があって、聖母像が夜ごと、農家に若者の手で運び込まれた。それが運び込まれる家には祝福がもたらされるとされ、その行事はクリスマス前夜までも続けられていった。

南チロル地方のザルンタール[2]では、日暮れになると若者たちがチター、バ

▲「聖母運び（マリアの宿さがし）」（ザルツブルク近郊のラウリス、遠藤紀勝氏撮影）

イオリン、角笛などをもって集まった。二人の男性が全身を藁で包み、一人は男性、もう一人は女性を演じる。一行は農家の前にさしかかると大騒ぎをおっ始め、二人の藁の人形も喧嘩を始める。家の主人は彼らに穀物がよく育つよう、畑の上で存分に飛び跳ねるようにと依頼する。騒ぎが収まると家の中に招じ入れられて御馳走にあずかり、みんなの袋には御土産のソーセージが詰め込まれるのであった。

(2) ボルツァーノ北方の谷。イタリア名サレンティーノ。同地ではこの行事がKlöpfeln の名で呼ばれるという。

▲ザルンタールの「どんどん夜」の一行

■クリスマス（降誕祭）　十二月二十五日　Weihnachten

❖三つの「年始め」

クリスマス、新年、ご公現の祝日（一月六日）の三つの祝祭日は密接に関連しあっていて、民間習俗も類似したものが多い。その理由は、これらの祝祭日のそれぞれが、かつて年の始めとして祝われた歴史をもつからである。

かつて新年はキリストの洗礼の日とされる一月六日であった。それが十二月二十五日に移されたのは四世紀の半ば頃であって、十二月二十五日を新年とするその風習は、十六世紀のグレゴリオ暦の導入直前まで続いていた。十二月二十五日はエジプト、シリア、ギリシア、ローマなどでは太陽神の誕生日とされていて、この太陽神はローマの皇帝時代には強く崇拝されていた。また当時同じように崇拝されていたペルシアの光の神ミトラスの誕生日も十二月二十五日であって、キリストの降誕祭が十二月二十五日に定められて、これら異教の信仰と風習が容易にキリスト教化されることになったといわれる。

▶クリスマス飾り
D. N. ホドヴィエツキによる銅版画
1797 年

ドイツでも新年の始まりをどこにするかは長く定まらなかった。一三一〇年のケルンでの宗教会議でクリスマスをもって新年の始めとするとされ、その決定は長い間守られてきた。宗教改革ののちに、一月一日をもって年の始めとする所も増えてはきたが、これは一般的にゆきわたるにはいたらなかった。一六九一年に教皇インノケンティウス十二世が一月一日を年の始めと定めて、これらの不統一に終止符を打とうとしたが、民間では、これ以外の日を年の始めとする風習もながく後の世まで残っていた。

さらにクリスマスの準備期間である待降節が新年に加え入れられた結果、民間の様々な新年の風習が、教会の新年の行事と、一部分あるいはその全部が重なり合って、この混乱にいっそう輪がかけられていった。新しい年のために悪霊を追い払ったり、新しい年を占ったりする、似たような風習が待降節からご公現の祝日にかけて、時代により地方により様々に変形しながらみられるのは、上の様な理由によるのである。

❖不思議な現象が次々と……

いずれにしてもクリスマスは時とともに、ドイツ人の心情に最もかなった家庭の祭となってゆき、民間習俗の宝庫ともいえる様々な行事でみたされていった。この面を中心にクリスマス

◀バルトロメウス・ブロイン《聖夜》
1516年
フランクフルト、シュテーデル美術館

を眺めてみよう。クリスマスにみられる様々な俗信や習俗は、その一部分はゲルマンの時代に由来し、一部はキリスト教伝道の頃のものであり、また一部はその後のクリスマス以外の習俗との関連で新たに生れたものといえよう。

古代ゲルマンの信仰では、冬至は神聖な時期であって、太陽がその絶え間のない運動を一時的に停止する日とされていた。その時には、時間の概念は消滅し、過去、現在、未来の区別はなくなってくる。過去のことが現存するものとなり、未来の国も目の前に開けてくる。死者の国はその扉を開き、民族の古の王たちが亡者の軍団と共に荒れ狂う嵐の中を飛んでゆく。ヴォーダンの神も伝説の老婆ホレと共に姿をみせ、万物に祝福を与える。したがって民間信仰ではこの日の夜中に、様々な不思議な現象が目にされるという。たとえばチューリンゲン地方、北部山地のキュフホイザー山では、クリスマスの前夜に青いオシロイバナが魔術をくり拡げる。その花をこの夜にみつけると、その人の目の前で地下の大会堂の口が開いて、山の中の宝物の華麗な輝きの中に誘いこまれるという。

❖花や木の神秘

エルザス地方のマリエンシュタイン近郊の村には、一年中一輪の花もつけない薔薇の木があるが、その木がクリスマス・イブになると花をつけ、その花は遠くまで明るく輝き渡り、かぐわしく香を放つと言われる。チロル地方

◀嵐とともに来襲する「幽鬼の軍勢」
L. クラーナハ《メランコリアの寓意》部分
1532年、コペンハーゲン国立美術館

では、イブにシダが花をつけ、イブの日のミサで使われた聖杯布巾を使うとその種を集めることもできるとされた。またイブにはリンゴの木に一時間だけ、花と実が同時につくともいわれている。

ドイツの多くの地方ではイブには水がワインに変るとか、すべての木がかぐわしいマンネンロウの木になるとも信じられている。またこの日に汲んだ水には特別の力が籠っていていつまでも新鮮さを保ち続けるとか、この喜びの日の真夜中には、動物たちも人間の言葉を喋るという信仰もみられる。

❖時が止まる

前述のように冬至の時には、時間の境が失くなるために、千年もわずか一日のようにしか感じられなくなる。それゆえこの日に人が霊界に足をふみ入れると、思わぬうちに長い時が経過することになる。山の中に閉じ込められてわずか数時間をすごしただけと思ったのに、山から出てみるとすでに数十年とか数百年が過ぎていたという不思議にも美しい伝説が多く伝えられているが、これらは冬至に時が停止するというゲルマンの古い信仰から生れたものである。

したがってこの時期には、屋外でも屋内でも労働が禁止されている。シュレージエン地方では打穀が禁止されていたし、メクレンブルク地方では犂、馬鍬などの農具を畑に置いたり、隣人に貸し与えてはいけなかった。チューリンゲン地方では洗濯も禁じられ、糸紡ぎにはげむ娘がいると、夜にホレ婆さんが現われて、亜麻をもつれさせたり糸巻き棒にいたずらをしたりするといわれた。

❖占いさまざま

占いもまたこの日には盛んに試みられた。チューリンゲン地方では、先祖代々伝わる古い家の屋根から麦藁を一本引き抜いて、その穂先を調べた。それに穀粒がついていれば翌年に幸運が訪れるといわれた。

娘たちはクリスマスの前夜に部屋を掃除し、その塵を中庭に運んで、その上に坐り込んだまま雄鶏が時をつくるまで待ち通した。鶏の鳴く方角から将来の夫が現れるという信仰があるからである。民間の信仰によると霊は部屋の床の上や隅に住まっていて、塵と一緒に掃き出すことができるとされた。塵の山の上に坐ることは霊との密接な関係が生まれることを意味し、これに雄鶏のもつ予言の能力が付け加わったものと考えられる。

新年の時にもいわれているが、クリスマスにも様々な霊があたりを徘徊しているという信仰は多くみられる。部屋に聖水を撒いたり、香を燻らせたり

▶鉄砲を打ち鳴らして空中の魔物を払う

するのもそのためである。鉄砲を打ち鳴らしたり鞭を鳴らして家や畑から悪霊を追い払わんとする農民の行事は良くみられる。またイブに家のかまどで一晩中絶やさぬように燃え続けさせた火には、特別な力が籠っている。その薪は「キリストの木」(Christbock, Christklotz) などと呼ばれ、燃え残りは大切に保存される。厄除けや落雷除けのまじないに効くからである。

❖クリスマス・ツリー

キリスト降誕を祝う祭は、四世紀になって十二月二十五日に固定されたが、それまでは一月六日なども誕生日とされていたし、したがってお祝いの行事も様々に異なっていた。現在みられるように、クリスマス・ツリーやプレゼントを中心とする家庭の行事としてドイツ人の中に定着したのは、はるか後のことである(「補説」二二七頁以下参照)。

クリスマスの象徴であるツリーも、一般に考えられているほど古いものではない。十七世紀までは今日の形のツリーが存在したという証拠はなく、この風習が一般にひろまったのは十九世紀に入ってからである。クリスマスの樅の木については、一六〇五年の、エルザス地方の旅行記の一節に初めて触れられている。「クリスマスにシュトラスブルクでは部屋の中に樅の木をたて、それに色紙で作った薔薇の花、リンゴ、聖餅、砂糖菓子などを吊り下げる。」[1]

(1) Reichhardt, S. 46.

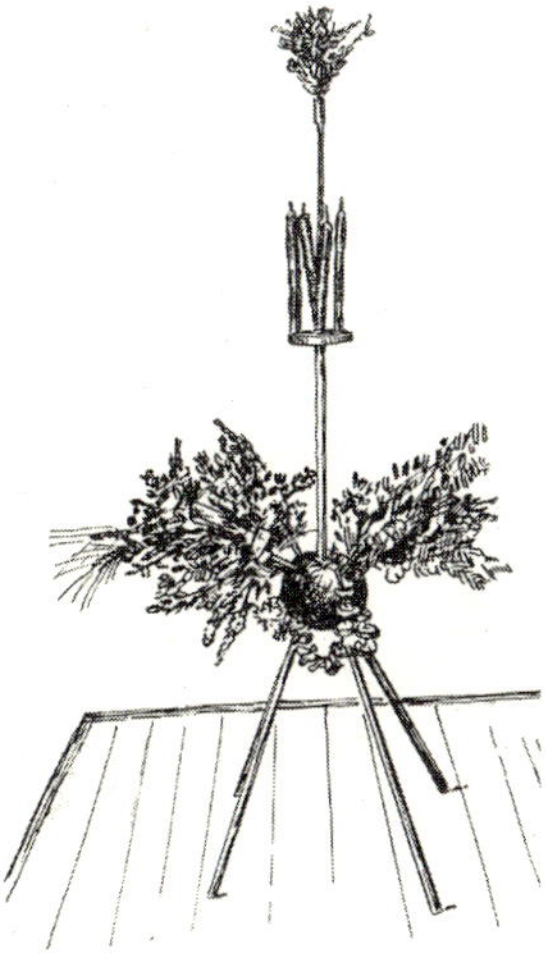

◀▲クリスマスの部屋飾り
(上) バイエルン地方
(左) シュレージエン地方

「バルバラの枝」でもわかる通り、昔から種々の緑の枝を部屋に飾りつける風習はみられた。ツゲの木、マンネンロウなどの枝で窓や壁を飾ったり、天井から吊り下げたりする風習はドイツでは古くから存在していた。ゼバスティアン・ブラントが一四九四年に著した『阿呆船』の中でこのような風習を非難していたり、シュトラスブルクの司教座聖堂の説教師ガイラー・フォン・カイザースベルクが一五〇八年の説教の中で、シュトラスブルクでのこの風習は異教的なものであるから廃止すべきだと説いていることから、若枝を飾りつける風習が当時行われていたことが実証されている。

しかしながらこの風習が、そのまま今日の形のクリスマス・ツリーに繋がってゆくものかどうかは議論のあるところである。

❖クリスマス・ツリーの飾り

クリスマス・ツリーに灯火を飾る風習はさらに時代が下っていて、このことに直接触れているのはヴィッテンベルクの教授リースリンクの一七三七年の次のような記述の中

▲クリスマスの贈り物　J. ケルナーによる銅版画、1788年

においてである。「聖夜に彼女（ある地主夫人）は贈り物をしようとする人の数だけの小さな木を部屋の中に立てる。その木の高さ、飾り、並んでいる順番で皆はどれが自分の木であるかわかるのであった。贈り物がそれぞれの木の下に振り分けられ、木に灯がともされたあとで、家族の人たちが順番に部屋に入ってきて、自分の木の下の贈り物を受け取った。最後に使用人たちも順番に入ってきて、贈物を頂戴するのであった。」[2]

いずれにしても今日みられるクリスマス・ツリーの起源は、エルザスかオーバーライン地方のアレマン語地域と推定され、そこから、十九世紀初頭に全ドイツの地域にひろまり、さらにプロシアとフランスとの戦争を機に、ドイツの将校などを通じて外国に波及していったものと考えられる。[3]

❖クリスマス料理

最後にクリスマス料理に触れておこう。北ドイツではクリスマス・イブを「満腹夜」(Vollbauchsabend) と呼ぶ地方があった。この日の宵の食事には翌年の健康と豊饒を約束する魔力が籠っているという信仰があるこ

◀O. ゲルラッハ（1862-1908）《パリを前に、1870年》

（2）Reichhardt, S. 44.
（3）クリスマス・ツリーについては、「補説」の第2節（二二七頁以下）も参照。

とから、この宵に腹いっぱい食物を口にすることには特別の意味があった。特に七種類あるいは九種類の料理を食べると一段と効果があるとされ、なかでも新しい胚芽を内に含んでいるものが推奨された。

クリスマス料理に使われた材料としては卵、魚、キビ、エンドウ豆、キャベツなどがあり、ソーセージや豚肉も欠かせない。また地方によりその土地独特の料理もみられた。ザクセン地方ではチリメンキャベツ、ホルシュタイン地方では豚の頭、アンハルト地方では焼きソーセージやきび粥、ズュルト島では豚のあばら肉、砂糖をかけた米粥などがその例である。また各地方で特別のクリスマス用のケーキやパン、クッキーが焼かれて、その土地特有の名前がつけられて賞味された。

またクリスマスには家畜にも普段の二倍もの餌を与えたり、人間の食べ残した特別料理を与える地方もあった。庭の果樹も同じようにクリスマスの祝福にあずかり、クッキーを作った時の粉のついた腕で果樹を抱擁したり、枝の上にケーキを置いたり、根もとに食事の残りを施したり、飲物を注ぎかけたりした。これらも人間の場合と同じように、家畜や樹木に無病と繁栄を祈願しての行事なのであろう。

▶日本でもクリスマスの季節におなじみのお菓子となったシュトレンは「クリストシュトレン」ともいい、むつきにくるまれた「幼な児キリスト」の姿をかたどったものとされる。例年「シュトレン祭」（降誕節第２主日）などでにぎわうドレスデンが本場として有名だが、文献上の初出は1329年、ナウムブルク司教がパン職人組合に与えた認可証にこの名が記されているという。

■十二夜（十二月二十五日から一月六日まで） die Zwölften / die Zwölfnächte

十二月二十五日から一月六日までの十二日間は一般に「聖なる十二夜」(heilige zwölf Nächte あるいは die Zwölften）と呼ばれ、いわばキリストの古い誕生日と、新しく定められた誕生日の間の期間であり、旧年と新年の間に位置する時期となっている。地方によってはこの十二夜の期間は十二月二十一日の聖トマスの祝日から一月一日までとか、一月一日からの十二日間となっていて、必ずしも固定的なものではないが、いずれにしてもこの期間には年の変わり目にみられる風習や俗信が数多くあり、一年を通じて最も重要な時期といえよう。

❖悪霊たちの徘徊

民間信仰によるとこの期間は様々な悪霊が徘徊する無気味な十二日間とされていて、荒れ狂う夜の嵐の中を魔王が軍団をひきつれて空中を飛び去り、彼の黒い馬の蹄が木々の梢に触れて火花を散らし、気味悪い叫び声をあとに残して通りす

◀嵐の中を疾駆する「幽鬼の軍勢」（魔王の軍勢）
W. マンハルトの著書（1860 年）より

ぎて行くと言い伝えられている。魔王の軍団は、南から北へ、あるいは北から南へと移動し、その通り道となった野や森の中の動物はすべて死に絶えると恐れられていた。メクレンブルク地方ではゴル夫人（Frau Gor）とかヴァウエル夫人（Frau Wauer）と呼ばれる悪霊が、様々な姿に身を変えて現れては人に害を加えると伝えられていて、人々はこの時期の夜には、彼女に会うのをさけて、家の戸を閉め、外出を極力慎しんだ。夕方家の周囲のあちこちで響き渡る鉄砲の音は、これらの悪霊を家から遠ざけようとする人々の努力をあらわすものであった。また十二夜のあいだは狼、狐、ネズミなどの名前を口にすることははばかられた。彼らの名前が口の外に漏れると、それらの動物を呼びよせることになるからであった。

❖ほうきを作る

十二夜の期間には、仕事はすべて休まねばならなかった。紡ぎ仕事、パン焼き仕事、洗濯、施肥などは固く禁じられていた。ただ一つこの期間に行なえば特別な効果、魔力を生みだす仕事があった。それはほうきを作る仕事である。十二日間毎日せっせと作られたほうきは「十二夜ほうき」（Zwölftebesen）と呼ばれ、家から悪霊を追い払う力を備えていると信じられていた。

❖十二夜の占い

年の変わり目に位置する十二夜には、次の新しい年のこと、特に天候の占いが盛んに行なわれた。十二日間の天気から次の年の十二か月の天気が順番に占われたり、タマネギを十二等分して一列に並べ、その上に塩を振りかけて表面に浮ぶ水分の度合によって、その月の雨の多寡を占なったりもした。またこの十二日間の夜にみる夢によって、自分の運命を見定める事もできた。

❖幼な児の日（十二月二十八日）

十二月二十八日は暦の上では「幼な児の日」(1)（Unschuldige Kindlein）といわれ、ヘロデ王によって殺されたベツレヘムの幼な児たちを記念する日であって、教会のなかで最も古い祝日のひとつとなっている。

しかし教会行事とは別に、民間習俗の上では西部、南部、中部ドイツの大部分の地方で子供たちがおねだり行列を行なったり、大人も子供も「若枝たたき」を行ないあう日となっている（Kindertag, Kindeltag, Pfeffertag などと呼ばれる）。

誰が誰をたたくかは地方によりまちまちであって、子供が両親や家族をたたく場合もあれば、若者が子供をあ

(1) 日本のカトリックでは「幼子殉教者の祝日」。

▲ベツレヘムの幼児（嬰児）大虐殺
ジョット《キリスト伝》、14世紀初、パドヴァ、スクロヴェーニ礼拝堂

るいは娘たちをたたき廻る所もある。(2) それは同時におねだり歩きともなっていて、人々は何がしかの祝儀をもらっては引きあげていった。

一般に「幼な児の日」には子供たちに特権が与えられていて、たとえば中世から伝わる子供司祭の風習もこの日に行なわれた。子供司祭の行列と共に、仮装した若者たちが一団となって大騒ぎをしながら通りを進み、出会う人を手当り次第に若枝でたたいて廻った。宗教改革以降には子供司祭の風習は次第に廃れていったが、若枝たたきの行事は後の世までも長く伝わっている。

❖大晦日

大晦日はジルヴェスター（Silvester）と呼ばれ、この宵は大騒ぎしてすごすのが通例である。この日も十二夜の中の一日に数えあげられるのだが、その名称は教皇シルウェステル（三三五年没）に由来している。

大晦日は一年の最後の日として民間信仰の中では重要な意味をもっていて、人々は一年のしめくくりとなる最後の時間に、様々な形で自分の運命を占った。すでにのべてきた鉛占いや、聖書占いなどのほかにも、たとえば次の様な占いで自分の運命を垣間見ようと努める人たちもいた。

四角いテーブルを部屋の中央に置き、それぞれの角に指輪、パン、花環、水をいれた容器を置く。娘が目隠しをしてテーブルに近づき、最初に触れた角のものが娘の運命を予告する。指輪は結婚、パンは無事平穏な生活、花環

(2) いずれにせよこの日には、新鮮な木の枝で小さい鞭を作って、«Frisch und gesund, frisch und gesund! Das ganze Jahr gesund !» と叫びながら、家の中や通りで出会う人をたたき廻った。

は死、水は涙を暗示するのであった。

大晦日の食事には鱗のある魚料理が一般に好まれていた。多数の鱗はたくさんのお金を意味し、その鱗を少しばかり財布に収っておくことは金持になるまじないであった。

賑やかに騒ぎたてるのも年の変り目の特徴である。喜びと共に新年にすべり込みたいという気持の表れであろう。家庭でも酒場でも飲んだり食べたりカード遊びに興じたりして楽しい雰囲気に包まれながら年の移り変る瞬間を待ちうける。鐘の音や、塔守りや夜回りのラッパの音で十二時が告げられると、全員が椅子やテーブルの上から「新年に乾杯」(Prosit Neujahr)と叫びながら、いわば新年の中に飛び降りる風習も広くみられた。

フォアアールベルク地方では、旧年を象徴的に追い出す風習が行なわれていた。樅の葉で飾られたレストランの広間に村の男女が集まると、その中の一人が全身に麦藁を巻きつけ、亜麻で作ったもじゃもじゃ髪のかつらをつけてジルヴェスタ

◀新年を歌って迎える
ルートヴィヒ・リヒター画、1855年

ー（大晦日）の姿を装う。このジルヴェスターは大きいストーブの後に隠れ潜んで、時計が十二時を打ち始めると、ストーブの陰から跳び出してドアから逃げ出そうとする。若者たちは大声をあげて後を追い、若枝でたたきながら通りへと追いたてた後、初めて新年の乾杯が始められた。このほかにも新年迎えの象徴的行事がいろいろと行なわれている。たとえば時計が十二時を打つと三十分のあいだ旧年が出ていったドアをすべて鎖し、その後に三十分間、新年の祝福が入ってくるようにと勝手口だけ開けておくといった風に、地方によって形こそ異なる点はあるにしても、新年を迎える似たような行事が到る所にみられた。

▶新年の「おねだり歩き」
C. シルドル画、1894 年

❖一月一日

旧年が去ってゆき新年にすべり込むと、新年を寿ぎ祝う挨拶がいっせいに始まる。一月一日の最大の行事は祝辞の口上を心底からのべあうことにあると言えよう。ベーマーヴァルト地方(2)では農家の雇人たちは、この日、目を覚ますとすぐさま仲間のベッド近くに忍びよって

仲間のみんな、年が明けた、新年だ！

巻毛の幼な児キリスト様がいらしてる
長寿、長寿がみなに恵まれますよう、
それに金貨がどっさり入った巾着も！

と新年の祝辞を耳もとで囁いた。この新年の挨拶は雇人から始まって家の主人の所まで、次々とのべられて行った。子供たちは祖父母や名付親の家を訪れ、新年の祝いをのべて贈り物をもらってまわった。北ドイツでは子供たちが次の様な文句を唱えながら贈り物をねだり歩いた。

新年おめでとうございます
長寿と平穏と和の心
それにとこしえの幸いが授かりますよう祈ります
不幸と貧困が残らず家から出てゆくために
神の子が訪れ来るよう祈ります

一月一日には人々は悪い予兆となりそうなことは心して避け、新しい衣服、少なくとも新しい下着を身につけ、楽しい気分で一日を送るように心がけた。そのため新年初めの出会いの吉凶占いも重要視され、老人とりわけ老婆に出会うのは好まれなかった。

（2）バイエルンとチェコの国境にある森林地帯。

■三王来朝の祝日（ご公現の祝日、一月六日）

Dreikönig / Epiphanias

民間習俗の上では三王来朝の祝日は十二夜の最後の日にあたり、またクリスマスの祝祭の終わりとなる日でもある。クリスマス・ツリーに最後の灯がともされた後、飾りが取り払われ、クリスマス用に焼かれた菓子のたぐいもこの日に食べつくされる。クリスマスから続いた祝祭のしめくくりとして、もう一度決められた料理を囲んで楽しい集いがもたれた。

❖豆の王様

この集いには、この日のために特別に焼かれた菓子が特別の役割を果した。ケーキを焼く時、その中に硬貨を一枚、あるいは豆を一個焼きこんでおく。そのケーキを取り分ける時、硬貨の入った分け前を手にした者が「王様」に指名されて、この日の宴会をすべてとり仕切るのである。

■「ご公現」すなわちキリストが「神として世に現われ出た」ことを記念する日を、東方ではキリストが洗礼を受けた日と解するのに対し、西方のカトリックではキリストが異邦人の前にはじめて姿を現わした日とみなす。「エピファニア」などとも（補説、二二二頁参照）。日本のカトリックでは現在、「主の公現の祭日」として、「一月二日から八日の間に来る主日（日曜日）」と定めている。

「三王」は日本では「東方の三博士」「マギ」などとも呼ばれ、新共同訳聖書では東方からの「占星術の学者たち」と訳されている。いずれにせよ、アジア、アフリカ、ヨーロッパの三世界の代表者、という含みは同じであろう。

▲「三王来朝」(マギの礼拝、などとも)の木型、18 世紀初、南ドイツ

▶「三王」の護符(家の戸口などに打ちつけられた) 1800 年頃、オーストリアのリンツ近辺

❖いま一度悪霊を払う

前にものべたように、一月六日はキリストの誕生日として祝われ、また年の始めとしての歴史を持っていたため、占いなどの年始めの風習も残っていたし、様々な悪霊が徘徊する十二夜の最後の日にも当っているため、この夜ふけにもう一度、悪魔払いの射撃や鞭鳴らし、騒音行列などの行事が行なわれる所も多かった。

❖ベルヒトの日

オーストリアやバイエルン地方やスイスでは、一月六日を「ベルヒトの日」(Berchtentag)と呼んで、この日には伝説の老婆ベルヒト（ペルヒト）がやってきて、紡ぎ女にいたずらをしたり子供たちに害を加えたりするといわれていた。このため人々は幼児を彼女の手から守るためにゆりかごの下に隠したり、この日に彼女とともに出まわる悪霊のために窓辺に食物を供えたり、屋根の上にヌードルを置いておいたりもした。

▲ペルヒトとその一行　ザルツブルク近辺、O.グラーツ画、1892年

❖騒音行列

その反面、賑やかな悪霊払いの行列が組まれることもあった。スイスでは二人の森の魔女ストルーデリとストラッテリ（Strudeli と Stratteli）を追い払うための賑やかな行列が行なわれていたし、チロル地方では「鐘鳴らし」（Glockel-sänger）と呼ばれる六人の若者が仮面をつけ、大きい鈴を身にまとって、歌をうたい鈴の音を響かせながら家々をめぐり歩いた。若者たちは、悪の根源とされるツーフェルワイプ（Zufelweib）を連れていて、歌い終わると彼女を撲りつけて退治しては祝儀をもらうのであった。

❖家を清める

ローマでは、この日の前夜に水の清めが行われたが、ドイツでもカトリックの地方では教会で水と塩と白墨が清められた。その水は家の中や、庭や畑や果樹園に撒かれ、塩は人間や家畜に魔除けとして使われたり、家を落雷から守るために使われた。家の中が、八月十五日のマリア昇天祭に清めを受け保存しておいた薬草の粉でくまなく燻されたのちに、これ

▲ペルヒトとその従者たちの仮面行列

▲新年を寿ぎ家内安全を祈願する護符
カスパル、メルキオル、バルタザルの頭文字と、イエス、マリア、ヨセフをあらわす組合せ文字が配されている
オーバープファルツ地方、「1698年」の記載あるも印刷年不明

また清めを受けた白墨で玄関の扉の上に「C＋M＋B」と書きつける風習がよくみられた。これはベツレヘムのキリストの誕生を知って東方から訪れてきた三人の聖なる王カスパル（Caspar）、メルキオル（Melchior）、バルタザル（Balthasar）の頭文字と十字を組み合わせたものであって、この印が書いてあれば一年中家の中に悪霊が入ってくることもなく、人間はもとより家畜も災厄からまぬがれると信じられていた。

❖三王来朝の劇

三王来朝の日は、昔は教会でも盛大に祝われ、三人の少年が絹の衣服を身につけ、金の王冠をかぶり、手には金色の容器を持って東方からの三人の賢者を演じてみせた。宗教改革以降は派手な三王来朝の劇は次第に廃れていったが、三人の男性が長い棒の先に星の印をつけ、歌をうたいながら街を行く「星の歌い手《シュテルンジンガー》」（Sternsinger）の風習はながく残った。三人は金色の縁飾りをつけた裾の長い白いシャツを身につけ、剣帯にサーベルを下げている。そのうちの二人は金色の槍を手にし、一人は星をつけた長い棒を持っている。ムーア人の王を演ずる男は両手も顔も黒く塗り、ターバンを頭に巻いているが、他の二人は金紙の王冠をかぶっている。三人はこのような姿でお決まりの歌を唱いながら町中を進み、所々で簡単な芝居を演じてみせた。子供たちが歓声をあげながら後を追うという光景は随所でみることができた。三人は家の

◀扉に記された魔除けの文字
（「三王」の頭文字と十字の組合せ）
バイエルン地方、1986年

中に招じ入れられることもあり、食物や祝儀にあずかるのであった。

　時代と共にこの風習も、一部は子供たちのねだり歩きに移りゆき、さらには単なる物乞いに堕してゆくこともあった。ゲーテが『エピファニアスの祭』の中で、「星をもった三人の聖王、食べて、飲んで支払いは嫌う」とのべているのは、物乞いに堕落している三王の姿である。彼らが乱行に及ぶこともしばしばあった様で、当局から禁止の命令が下された記録も残されている。それにもかかわらずシュテルンジンガーの姿はドイツの多くの場所で、特にヒルデスハイム、エルザス、シュヴァーベン、アルトバイエルンなどの地方では長くみうけられた。また現在でもケルン周辺で、子供たちの行事として目にすることができる。

＊

　一月六日の三王来朝の祝日も終わり、冬の中心とされる聖パウロの回心の祝日（一月二十五日）も過ぎると、春の最初のきざしがみえるマリア聖燭節まではあと一歩となり、待望の春は間近い。

▲三王来朝の日の街角　サヴィエーズ（スイス、ヴァリス地方）、1850年頃

▲シュテルンジンガーの一行　スイス、グラウビュンデン地方

補説　クリスマス略史

はじめに

広間全体は、焦げた樅の枝の香りに充ち、無数の小さな炎に輝き、またたいていた。……奥のほうの深紅のカーテンのかかっている窓の間に置かれた巨大な樅の木は、ほとんど天井に届かんばかりで、銀箔や大きな白百合《しらゆり》に飾られ、尖端にはきらきら光る天使がおり、根元にはキリスト誕生の模型があったが、この樅の木にいっぱい燈《とも》っているローソクの小さな炎は、いちめんの光の洪水のなかで遠い星のようにちらちら光っていた。というのも、贈物がいっぱい積んであって、窓のところからほとんど扉のところまで達する、長くて幅の広い、白布のかかっているテーブルの上に、お菓子のぶらさがっている小ぶりの樹がずらりと並び、これがやはり燃えるローソクの光を放っていたからである。(1)

これは穀物取引で財をなしたリューベックの富豪、ブッデンブローク家の一八六九年のクリスマスの情景である。もちろん実際には、ドイツの作家トーマス・マンが一九〇一年に刊行した小説の一節ではあるのだが、緑の樅《モミ》の

(1) 引用は森川俊夫訳による(『トーマス・マン全集I　ブデンブローク家の人々』新潮社、一九七二年、四二一頁)。

▲ハンブルク、コレラ孤児院のクリスマス　K. ミュラー画、1892 年

木、それを飾る銀箔、白い花、緑の木に灯るロウソクの光、これらは程度の差こそあれ、私たちにとっても年の暮に目にする親しい光景であり、西欧文化の象徴ともいえる風習である。成長、生育のシンボルである常緑の樅の木と、暖かく黄金色に輝くロウソクの光は、長く厳しい寒さに耐えぬいて生きねばならぬ北方の人たちにとっては、春の太陽への憧憬を生みだすものであろう。樅の木とロウソクの光の結びつきは、まことに自然であり、見事に調和するものであるだけに、クリスマス・ツリーの歴史は長く、この行事は古い伝統に支えられたものと考えたとしても無理はない。しかしながら、事実は必ずしもそうとはいえないのである。クリスマスはどのような歴史をもっているか、クリスマスにまつわる民衆の習俗はいかなるものであるのか、またその習俗の成立の時期はいつごろなのか、すでに本篇でもいくらか触れたところもあるが、以下クリスマス・ツリーをはじめクリスマスをめぐる習俗、習慣を改めて検討、考察してみよう。

1　キリスト誕生日の歴史

樅の木を部屋に飾り、今日全世界でキリストの誕生を記念して祝うクリスマスは、古来、十二月二十五日に祝われてきたものであろうか。私たちがキリスト誕生の物語を読んで感じるのは、はたしてキリストは真冬の時期に既で生まれたのであろうか、春か夏の暖かい季節に誕生したのではないか、という疑念である。パレスチナの地で、寒い冬の夜を羊飼いや動物たちが戸外ですごすとは考えづらいからである。野原の羊飼いがキリストの誕生を知る聖書の内容からすると、キリストの生誕が冬であったとは信じがたい。

❖初期キリスト教時代

初期のキリスト教徒にとってもその事情は同じであった。彼らはキリストの誕生日を三月二十八日、四月二日、四月十九日、あるいは十一月八日、十一月十八日とさまざまに算定している。したがって誕生日を祝う習慣はいまだなかったと言ってよかろう。救世主の一生を記念する日として新しい祝日を創りだし、祝い寿《ことほ》ごうとする考えは、特にグノーシス派の人々によって受

▲羊飼いの礼拝
クリッペ（キリスト降誕の場面を示す模型）、バイエルン国立博物館

けとめられ広められていった。しかし救世主の誕生をはたして肉体を備えて生まれた日とするか、あるいは神の性質を授かった洗礼の日とするかは問題となる所である。人々はキリストが神性を洗礼によってえたと考え、ヨルダン川でのキリスト洗礼の日を一月六日と定め、「エピファニア」(Epiphania, 神性の出現の意味、ご公現の祝日)として祝った。

一月六日はまた人間の出現の日にも当たることになる。ローマ帝国ではカエサル暦以降、一月一日が一年の始まりとされていたが、初期キリスト教徒は一月一日を天地創造の日としていた。聖書によれば人間の創造は六日目に当り、人間の出現は一月六日ということになる。人間の誕生とキリストの神性の授けられた日を重ね合わせたこの日は、長い間キリスト教会によって教会暦の元日とされていたのである。

一月六日はしたがって久しくキリストの神性獲得の日として祝われてきたが、キリスト生誕の日とは直接関係をもってはいない。キリストの誕生日がとりあげられ、祝日として重要な意味を帯びてくるのは、三世紀の、ローマ帝国の反キリスト教政策と関連してのことである。

❖異教の祝祭日との競合

三世紀の初め頃、ローマ皇帝ヘリオガバルス(在位二一八―二二二)はキリスト教弾圧政策をとり、ソル・インウィクトゥス(sol invictus, 不滅の太陽神)を

(2) Weber-Kellermann, Die Weihnachtsfest, S.10.

崇拝した。彼は、この地中海地方の太陽崇拝の中心をなす祭、すなわちソル・インウィクトゥスの誕生祭を十二月二十五日と定めたのである。(2) 衰えた太陽の光が、再び盛り返す兆しをみせる冬至の時期が、太陽神の誕生にふさわしいと考えられたのであろう。

ローマ帝国の宗教政策に激しく抵抗していたローマ教会分派の対立教皇ヒッポリュトスは、この措置に抗議して、十二月二十五日をキリスト生誕の祝日と主張し始めた。この生誕の祝日はまた同時にエジプトからギリシア・ローマへとひろまっていたエジプトの女神イシスの祭とも重なることとなった。イシスの祭も冬至の時期に祝われたからである。異教の重要な祭を排除するためには、自分たちの信仰にとって最も重要な祭日を押し出す必要があったのである。

しかしながらキリスト教は依然としてローマ帝国内では幾つかの信仰の一つであるにすぎず、太陽神の崇拝は長く続いている。三三〇年頃はじめてコンスタンティヌス大帝の下で太陽神は、機能を変えてキリスト教にとり込まれていった。即ち太陽神は、ルクス・ムンディ (lux mundi, 世の光)、正義の光を創り出したキリスト教の神となった。

▲キリストの洗礼
ヨアヒム・パティニール画、1515年頃、ウィーン、美術史美術館

したがってキリスト生誕の祝日が十二月二十五日に定められたのは、キリスト教の宗教政策から由来したもので、ローマ帝国内の異教的な精神をうけとめ、解体し、転換しようとする教会指導者たちのあくことのない努力から生まれたものである。すなわち、十二月十七日から二十五日までの間、ローマ人は農業の神サトゥルヌスとその妻オプスをうやまうため、収穫と冬至を祝うサトゥルナリア祭を行なった。十二月二十五日には不滅の太陽神を祝い、一月一日には新年の祝いを行ない、一月六日は地中海沿岸で厚い信仰をえていた豊饒の神ディオニュソスを祀る日であった。また四世紀の半ばごろからローマ人の崇拝をかちえていたペルシアから伝わってきた光の神ミトラスの誕生日も十二月二十五日であった。ローマ教会はこれら異教の重要な祭日に、キリスト教にとって最大の祝日をおき、自分たちの祝日の民衆への浸透を狙ったのである。

しかしキリストの神性は洗礼によって得られたとするアリウス派の流れをくむギリシア正教にとっては一月六日が、いぜんとして最も重要な日であり続け、この日は「大新年」(Großneujahr) といわれて盛大に祝われる。またキリストの洗礼にちなんで、水の清めの祝祭がこの日に行なわれ、水の奇蹟と一月六日は深く結びついている。

❖ニカイア公会議

三二五年ニカイアで行なわれた公会議で、コンスタンティヌス大帝によってキリストの神性をめぐる論争には終止符がうたれた。この論争に勝利をおさめ、キリストは生まれながらにして神の子であったとしたアタナシウスの流れを汲むローマ教会にとっては、十二月二十五日が最大の祝日となってゆく。三五四年には教皇リベリウスが、はじめて自らこの日にミサをとり行なって祝った。(3) それにも拘らずクリスマスがキリスト教を信じる人々の間に定着するにはなお数世紀を要している。

(3) Colditz, S.353.

❖ユール祭

十二月二十五日は不滅の太陽神、ミトラスといった強力な太陽崇拝をキリスト教にとりこんだものであるが、同じ現象は北部ヨーロッパの布教の場合にも観察される。キリスト教の伝道以前にすでに、北方の人々の間には、太陽の再来、回復を願う冬至祭を十二月二十五日ごろに行なう習慣があった。それはユール祭と言われる豊饒と死者をとむらう祭である。この祭の存在は、ベーダ・ヴェネラビリス(六七四—七三五)の『アングロ・サクソン教会史』で確認されている。(4) 植物の成長や芽ぶきに強い影響力をもつと信じていた死者の魂を慰める祭であって、太陽が再び力を得はじめる冬至の時期に、恵みの季節の再来を願って行なわれたものである。キリスト誕生日はこの北欧の

(4) Colditz, S.355.

土着の風習をも内にとり込んで、キリスト教に同化させて行ったのである。

❖公式の祝日、年のはじまり

ドイツ語圏では八一三年に、マインツでの教会会議によって初めて十二月二十五日のキリスト降誕祭が教会の祝日として布告された。またこの降誕祭が（それまでの復活祭に代わって）一年のはじめとされたのは、一三一〇年のケルンの教会会議によるものである。[5] 新年をクリスマスでもってはじめる習慣はこのあと長く続き、宗教改革の後、ようやく一月一日で新年を始めることになった。にもかかわらずクリスマスを年のはじめとする風習は民間に久しく残り続けている。クリスマスがキリストの誕生日としてのみ祝われ、新年の意味を失ったのは一六九一年、教皇インノケンティウス十二世による決定によってであった。

（5）Fehrle, S.16.

2 クリスマス・ツリー

クリスマスの家庭行事に欠くことのできぬものの一つに、クリスマス・ツリーがある。冒頭のブッデンブローク家の場面でも知られるように、美しく飾られた樅の木は、クリスマスの象徴とも言いうるものである。クリスマス・ツリーの起源はどこにあるのか。この伝統は古く、長い歴史の上に出来あがったものであろうか。

❖エルザスとバーゼルから

クリスマスの樅の木についての記述は、およそ十六世紀から十七世紀にかけてみられるようになる。一六〇五年、エルザス地方をめぐったある旅行記の一節に次のくだりがある。「クリスマスに、シュトラスブルクでは部屋の中に樅の木を立て、それにいろいろな色紙を切り抜いた薔薇の花や、リンゴ、聖餅、砂糖菓子などを吊り下げる。(6)」またシュトラスブルク大寺院の神父で、神学教授のヨハン・コンラート・ダンハウアーは一六五七年に、「人々はクリスマスの時期を、しばしば神の言葉や神聖な行ないにもとるとことがらで過

(6) Beitl, S.953. 本篇一九五頁も参照。

しているが、その中にクリスマス・ツリーあるいは樅の木がある。人々はそれを家の中に立て、枝に人形や砂糖を吊り下げ、あとでゆすって落したり、むしりとったりしている」(7)と記録している。彼はこれを偶像崇拝とみて非難を加えた。

バーゼルでは、これよりも以前の一五九七年に、洋服の仕立職人がクリスマスにリンゴやチーズを吊るした緑の木を持ち廻り、そのあとで職人集会所に立てて、吊り下げた食物をむしりとったという記録がある。(8)また一六〇〇年にはエルザス地方の帝国直属都市シュレットシュタットの名士会の人たちが、会議室に樅の枝をクリスマスの若枝として立て、それにリンゴや聖餅を飾りつけている。その飾りは一月六日に子供たちに自由に取らせた。(9)

❖若枝を室内に持ち込む

十六世紀以前にも、樅の小枝やイチイ、杜松《ネズ》、ツゲ、ヒイラギ、桜の枝などを聖アンデレの日（十一月三十日）、あるいは聖バルバラの日（十二月四日）に家の中にとり込み、部屋の暖かい空気を利用してクリスマスの時期に葉や花を開かせる風習があった。そのような若枝は死に絶えることのない生命の象徴であり、幸運を約束するものであった。一四九四年セバスティアン・ブラントも『阿呆船』の中でこうのべている。(10)

（7）Colditz, S.361.

（8）Weber-Kellermann, Die Weihnachtsfest, S.107.

（9）Beitl, S.953.

（10）Brant, Sebastian: Das Narrenschiff. In heutige Sprachform übertragen und mit Anmerkungen versehen von M. Richter, Berlin 1958, S. 145.

新年に歌を唱わず
緑の樅の木を家の中に挿さなければ、
一年のうちに死ぬ破目になる

部屋の中に飾る若枝が必ずしも樅の木に限らないのは、次の報告からも明らかである。一七八六年にネルトリンゲンに生まれた画家アルブレヒト・アダムは、自伝の中でこう書いている。「ネルトリンゲンでは陰気な樅の木は使わない。すでに何か月も前から桜やセイヨウミザクラの若木を部屋の隅の大きい壺に挿しておく。これらの若木は天井に向かって高くのび、クリスマス前に満開になる。[11]」また他の地方では、ドアや壁をヤドリギやヒイラギの枝で飾る風習があった。この風習は今日でもイギリスにみられる。

マルク・ブランデンブルク地方では、農夫たちが十二夜に常緑の木の枝を部屋に飾り、緑の木を屋敷内に立てる風習が行なわれていた。そのことは、ブランデンブルク選帝侯で後のプロイセン国王であるフリードリヒ一世が、一六九三年に出した禁止令によってもわかるところである。[12]

❖若枝飾りの源流

このような緑の枝を飾る風習は何から来るのであろうか。

◀ツゲの若枝を配した
バイエルン地方のクリスマス飾り
赤いリンゴ、黄色いクルミ、緑の枝と
色とりどりの空間の中央に
聖ニコラウスが立つ

（11）Reichhardt, S.45.
（12）Weber-Kellermann, Die Weihnachtsfest, S.104.

その源流とみられるものに、ローマ人の風習がある。すなわちローマ人は毎月の一日に月桂樹の枝で家を飾ったが、クリスマスの若枝はこれから来るという解釈である。

シュトラスブルクの神父ガイラー・フォン・カイザースベルクは一五〇八年、シュトラスブルクで行なわれているクリスマスはすべて異教的なもので、禁止するのが適当としている。ローマ人は新年にヤヌスの神を祭ったが、神父はこの風習をローマ人の風習の名残りと考えたからである。「ある者は踊り、跳びはね競技を行ない、ある者は樅の枝を部屋に置き、ある者はごちそうを出して宴を催し、またある者はお互いにワイン、蜂蜜菓子を贈り合う。[13]」

しかしながら、この風習がローマの月始めの枝飾りの行事に由来するという単純な借用理論は、今日では否定されている。[14] ローマとゲルマンの緑の木の習俗は似てはいるが、それは本来、影響関係がなくても生じうる類似現象と考えられるからである。

真冬に飾られた緑の木の習俗は、人間が悪霊によって脅かされる十二夜の無気味さを、植物の緑と、ロウソクの光によって駆逐しようとする古代人の願望から生れたと説明するのはO・ラウファーである。[15] クリスマス・ツリーの前段階をなすのは、リンゴやクルミなどを吊り下げ飾るならわし(hängender Zweig や Hängebaum)であって、これは一千年前のローマの月始めの風習とは一切関係をもたない魔除けのまじないである、とラウファーはいう。彼はま

(13) Reichhardt, S.45.

(14) Hain, S.10.

(15) Hain, S.10.

たここに豊饒儀礼があるという解釈をも否定している。

一方この風習を、古来からドイツに伝わる若枝たたきと同じような豊饒の儀礼とする考え方も依然として存在する。ヴェーバー＝ケラーマンはこの考えをとっている。「真冬に行なわれる緑の飾りは、おそらく農耕社会の文化思想の中に、土地を耕す人々の論理にもとづく世界解釈の中に――それとともに広い意味では、新しい生命力と豊饒の願望体系の中に組み入れねばならないであろう。(16)」

❖若枝たたき

ドイツには昔から十二月二十八日の「幼な児の日」に若枝たたきの行事があった。(17) この日子供たちは、マンネンロウ、樅、杜松の枝を手に持って、町角で出会う大人たちをたたいて歩いた。その時子供は呪文を唱える。

元気でいきいき、元気でいきいき！
一年中すこやかに！

十九世紀ドイツ民俗学の泰斗、W・マンハルトに従えば、この風習は非常に古いもので、古代ゲルマンにその起源があるという。若枝たたきは一種の呪術であって、たたかれると身の内から悪霊や疾病が追い払われ、力と祝福

(16) Weber-Kellermann, Die Weihnachtsfest S.105.

(17) 本篇二〇一頁以下を参照。

と幸せが授かるのである。この風習はドイツ中部・南部のいたる所でみられ、様々な名称で呼ばれている。(18)

L・ヴァイザーはさらに、中部ドイツで初春のファスナハトに行なわれる白樺たたきや、プラハの若枝たたきの中にみられる祝福と生命を授ける行事の中にクリスマス・ツリーの原型をみている。(19) しかしながら人に祝福と力を与える「生命の樹」の風習が、直接クリスマス・ツリーと結びつくものであるかは、依然として決めかねるのではないか。似通った現象という事では根拠に乏しいと言わざるをえない。

❖室内の樅の木――クリスマス・ツリーの原型

家の中に飾られる樅の木はいつ頃からみられるであろうか。それは家庭から起ったものではないと考えられる。前述のバーゼルやシュレットシュタットの記録でもわかる通り、宗教改革時代に組合の部屋に初めて登場したものである。一五七〇年のブレーメンの同業組合の記録には、「ダッテルボイムヘン」(Dattelbäumchen)なる木についての記述がある。これは小さい樅の木で、これにリンゴ、クルミ、ナツメ、ブレーツェル、造花などが飾りつけられ、組合集会所に立てられた。(20) 宗教改革の波とともに親方や職人たちの地位と財力が向上し、都市に住まう市民が今や文化の指導権を持ちはじめたのである。土地と結びついた伝統的な民衆の信仰と並んで、都市を生活の場とし、新教を

(18) 一例をあげれば、pfeffern(バイエルン、フランケン地方)、fitzeln(バイエルン地方)、kindeln(シュヴァーベン地方)など。

(19) Hain, S.10.

(20) Weber-Kellermann, Die Weihnachtsfest S.107.

◀ C. A. シュヴェルトゲブルト
《1536年、ヴィッテンベルクでクリスマスを祝うルターとその家族》
銅版画、1843年頃

上記のように史実と合致しない点が多いにもかかわらず、ルターの提唱によってクリスマス・ツリーを飾る風習がひろまったとの俗説は広く流布し、19世紀には同様の図像が、新教徒にとって理想的なクリスマスの過ごし方を示すものとしてしばしば描かれている。

奉ずる親方や職人たちが新たな文化、習俗の担い手となってくる。彼らが持ち込んだ樅の木の新しい風習を目にして旧教の神父が驚き、異教的と非難したのはまた当然のことかもしれない。

ともあれ、十六世紀後半、新教の都市同業組合員によって、新たなクリスマスの行事が作りあげられたのである。この風習がやがて集会所の行事から彼らの家庭へと移っていったのも容易に理解できる所である。木に飾られた果物や菓子は一月六日の三王来朝の祝日に子供たちに与えることによって、子供にとってはこの風習は、聖ニコラウスの贈り物と同様に喜びと期待の持てる風習となったからである。

❖新興の都市住民のあいだで

十七世紀から十八世紀にかけて、クリスマス・ツリーの風習は都市から都市へと伝わっていったが、いまだ田舎に根を下すまでにはいたっていない。新しいこの風習を受けいれ育てたのは裕福な市民や高級官吏であって、十八世紀末までは、上流家庭の部屋にみられただけである。当時のツリーとその装飾はかなり大規模であって、費用もかかった。そのような祝いが上流階級のものであったことは、ニュルンベルクの次の報告からも

知ることができよう。

それは部屋の隅に立てられた。枝は大きく広がり、部屋の天井の半分をほとんど覆う位であった。またその下に立つと、まるで夏の繁った葉蔭にいるようであった。すべての枝にはいろいろとぜいたくな菓子が吊るしてあった。それらは天使や人形や動物の形をしていて、すべて砂糖でできている。さらに金色に塗った果物がいくつも吊るしてあって、お菓子の天井をみあげるようであった。……最後にツリー全体が、枝や果物ともども金色のネットで覆われた。そのネットは金色に塗った何千ものハシバミの実をひもに通して並べたものであった。これら筆舌につくし難い素晴らしい品物の間から、数え切れぬほどの小さいロウソクが輝いていた。それはちょうど天の星のようで全く壮麗な眺めであった。(21)

❖貴族社会とツリー

市民の富裕な階級と並んで、早くからもう一つの階層の人たちがクリスマス・ツリーの習慣をつちかっている。それはヨーロッパの貴族、宮廷社会であった。貴族たちの豊かな財力からみて、この風習をひろめ、充実してゆくことは容易であったろう。一七〇八年、リーゼロッテ・フォン・デア・プファルツはパリから郷愁をこめて、少女時代、ハノーファーの宮廷で習慣とな

(21) Weber-Kellermann, Die Weihnachtsfest, S.108.
(22) Weber-Kellermann, Die Weihnachtsfest, S.110.
(23) Johann Wolfgang von Goethe, Hamburger Ausgabe in 14 Bdn. Bd.1, München 1978, S.339.

っていたロウソクを飾ったツゲの木のことを書いている。

聖ニコラウスがドイツでどのような意味をもつか私はよく存じています。……しかし今まだドイツで広く行なわれているもう一つの遊びが、あなたの所でみられるかどうかは存じません。その遊びはクリストキンデル(Christkindel)と申します。テーブルを祭壇のように整え、その上に子供のためにいろいろなものを並べるのです。新しい衣服、銀製品、人形、砂糖菓子、そのほかいろんなものを。このテーブルにツゲの木を立てて、枝ごとに小さいロウソクを立てます。それはとても可愛い眺めでして、今でもまた目にしたく思っているほどです。[22]

クリスマス・ツリーの風習は十八世紀以降、ヨーロッパの貴族社会の中にひろまってゆき、イギリス(ヴィクトリア女王の夫でドイツ生れのアルバート公によって伝えられたといわれる)、プラハ、ノルウェー、ロシアの宮廷にもみられるようになった。

ワイマールの宮廷に仕えたゲーテは、一八二二年の宮廷でのクリスマスの祝いに、ツリーを讃える詩を大公に贈っている。[23]

◀フーゴー・ビュルクナー
《ヴァンツベック城(ハンブルク郊外)のクリスマス》
1796年

ツリーは明るい光を放ち、まぶしく輝く
甘いお菓子を施しながら
輝きの中で揺れながら
年寄の心、若者の心を掻き立てながら
そんな祝いが与えられた
たくさんの贈り物が飾りつけられ
皆は目を見開いて上に下にと
またいくたびも右や左を眺めやる

E・T・A・ホフマン（一七七六―一八二二）も童話『くるみ割り人形とねずみの王様』（一八一六年）の中で、衛生顧問官シュタールバウム家のロウソクが星のように輝く壮麗なクリスマス・ツリーを描いている。

❖飾りつけさまざま

ツリーの枝を無数の小さいロウソクで飾った姿が一般的になるまでに、いろいろな飾り方が行なわれていた。樅の幹にそって何本もの横木を打ちつけてロウソク台として使っている場合もあれば、木のまわりに輪形の木をまわしてロウソク立てとして使用する例もあった。また葉を落した樅の木の両側をピラミッド形にロウソクを立てて飾る方法も行なわれた。

▶燭台風のクリスマス・ツリー
銅版画、1838年
木のまわりに円形のロウソク台を配している

▲ヘンリク・オルリク《デンマーク市民のクリスマス》
銅版画、1859年

❖十九世紀——一般家庭に

十九世紀になってようやく、樅の木とロウソクを組み合わせたクリスマス・ツリーが町の小市民の家庭にひろまっていった。十九世紀半ばになると、樅の木がクリスマスの市で売られたり、新聞に樅の木の到着を告げる記事が載るようになる。これは縦の木の産地チューリンゲンの森やハルツ山地に鉄道が通じたことと関係がある。(24) しかしツリーの習慣が全ドイツに普及することに一段と拍車をかけたのは、一八七〇―七一年のプロシアとフランスの戦いであった。戦場で迎えた厳寒の聖夜に、貴族出身の司令官の希望で（プロイセン国王の希望という説もある）野戦病院、兵営、そして地下壕でクリスマス・ツリーが灯されたのである。(25) 上流階級でのみ行なわれていた厳かにして美しい習慣を異郷の地で体験した兵士たちは、帰国後その風習を家庭にささやかな形で保ち続けたのである。

▶フリードリヒスブルン（ハルツ地方）のクリスマス・ツリー業者

❖人気の社会的背景

この習慣がドイツの小市民の間に普及した原因はしかし、単に兵士たちの郷愁にあるのではない。それはまた、当時ドイツで求められていた家父長制の確立と関係がある。国にあっては皇帝、家にあっては父親に対する忠誠と服従を求める家父長制の確立は、軍国主義プロイセンの強く求める所であっ

(24) Weber-Kellermann, Die Weihnachtsfest, S.114.
(25) Weber-Kellermann, Die Familie, S.300.

たが、クリスマス・ツリーは権威ある家父に従属する家庭のイメージを作り出すに最適の手段であった。家長の立場から家族のもの全員に贈り物を与えることにより、父親の権威は増してくる。家族全員の集まった中で父親の音頭で聖歌がうたわれ、ツリーに火が灯される。聖夜は父親を中心とする儀式で固められ、父親は家族全員の感謝の対象となった。

冒頭に紹介したブッデンブローク家のクリスマスの行事も、今はなき領事がクリスマスの儀式のために自ら定めた荘重なプログラムにしたがってとり行なわれる。主人に代わる領事夫人の采配に応じて。クリスマス・ツリーは権威に服従を求めるドイツ国家の要請に沿い、その様な意識を育てあげるに格好の材料であったのである。

＊

クリスマス・ツリーの風習は遠くゲルマンの昔にさかのぼるものではない。十六世紀に始まり、ロウソクでもって飾られたのは十八世紀になってである。真に民衆に一般化したのは十九世紀の後半であった。クリスマス・ツリーの普及には宗教的要因と社会的要因が深く結びついているといってよい。

▲ヘルマン・リューダース《ベルリン、皇帝宮殿でのクリスマス》 1877年

▲クリスマス・ツリーを飾る少女たち
銅版画、ウィーンのモード雑誌（1888 年）より

3　クリスマス・プレゼント

私たちが西欧の習慣をひきついで、今では身近な風習となっているものにクリスマスの贈り物がある。十二月二十四日の夜に贈り物を配って歩く白髪の老人を待ち焦れる子供は、今では日本のどこでもみられよう。この老人の名がサンタクロースであるのを知らぬ子供もいないであろう。それほど老人の名は日本においても親しまれている。しかしながら、ドイツにおいてクリスマスに贈り物を配って歩くのは「サンタクロース」ではない。「クリストキント」(Christkind, 幼な児キリスト)といわれる娘あるいは天使であったり、老人の「ヴァイナハツマン」(Weihnachtsmann, クリスマスおじさん)なのである。

❖聖ニコラウス

十二月六日にカトリック地域で子供にお菓子などの贈り物をするのが聖ニコラウスである。[26] 聖ニコラウスは従

◀聖ニコラウスと従者
J.N.ハイネマンによる石版画、1853年

(26) 以下、ニコラウスについては本篇一八〇頁以下も参照。

者のループレヒトを連れて十二月六日の夜に、よい子には贈り物を、悪い子には罰を下しに家々をまわった。この風習は中世から長く保たれてきたものであり、したがって宗教改革前にはクリスマスに子供にプレゼントする風習は存在しなかった。

宗教改革ののち、プロテスタント教会は、カトリックの聖者の日に贈り物をする習慣に抵抗を覚えた。彼らはこの習慣を排除しようと努力したが、民衆の中に久しく定着していた習慣を棄てさせることは容易ではなかった。プロテスタント指導者の努力にもかかわらず、田舎では子供への贈り物の日は依然として十二月六日の聖ニコラウスの日であった。

子供へのプレゼントがクリスマスに行なわれる、という記録は十六世紀後半以降である。一五七一年にエルツ山地の聖職者ヴィンタのヴォルケンシュタインからの報告がある。[27] それによると、子供たちはクリスマスに、「キリストの荷物」(Christbürde) といわれる包みをひとつ贈られた。その中味は、お金、果実、クルミ、クリスマスパン菓子、砂糖菓子、玩具、紙、祈禱本などであった。十七世紀になると上流家庭の間に、部屋のテーブルの上に子供への贈り物をいろいろと並べてみせるのが流行となっている。小さな樅の木が子供の数だけ机の上に立っていて、そのそばに贈り物が積まれていた。

ところでプロテスタントを信ずる人たちにとって、贈り物を運ぶ人が聖ニコラウスでなくなった時、この役を引き受けだのは誰であったろうか。この

(27) Colditz, S.358.

名誉ある役を引きうけたのが前にふれた「クリストキント」（Christkind）と「ヴァイナハツマン」（Weihnachtsmann）だったのである。

クリストキントは西部ドイツ、南ドイツ、南西ドイツ全域にわたって登場し、さらにヘッセンとチューリンゲンの国境、ヘッセンとニーダーザクセンの国境、バイエルンとチューリンゲンの国境にわたっても現れてくる。一方ヴァイナハツマンは例外なく中部、北部、東部ドイツにみられる。ちなみにこの「クリストキント」は、必ずしも文字通りに揺籠の幼な児イエス・キリストを指すわけではない。

❖クリストキント

クリストキントは白く長い衣服をつけた女の子とされている。その姿はむしろ、キリストの誕生を告げる天使の姿に似ている。民衆の頭の中では、キリストからの贈り物と言われても、カトリックの聖者ニコラウスに代わるプレゼント運搬人として、「幼な児キリスト」をイメージすることはむずかしい。そこで荷物を担い、歩くことのできる優しい人物として乙女の姿を想像したと思われる。この人物は十六世紀以前に民衆の間に登場することはない。一五三五年と一五三六年のルター家の家計簿の中には、十二月六日に、子供と召使い

◀クリストキントとヴァイナハツマン
L.フレーリヒによる木版画、1849年

▲（上）エルザス地方の「クリストキント」と従者ハンス・トラップ　木版画、1863 年
（下）ふんだんに贈り物をもたらす「クリストキントライン」 銅版画（彩色）、1840 年頃

に対する「ニコラウスの贈り物」の金額が計上してある。当時なおプロテスタントの家庭でも聖ニコラウスの日に家族の人たちに贈り物がなされていた証拠である。しかし十年後の家計簿には、この日には贈り物の額の記入はなく、クリスマスの日に「聖なるキリスト」(Heliger Christ) の贈り物が登場している。[28]

(28) Weber-Kellermann, Die Familie, S.303.

❖ヴァイナハツマン

一方北部ドイツに主として広まっている「ヴァイナハツマン」は、全く新しい人物で、その登場は十九世紀になってである。この人物はモーリッツ・フォン・シュヴィントの「冬《ヴィンター》おじさん」(Herr Winter)(一八四七年)の中に初めて登場してくる。ミュンヘンの出版社が読物絵本のために創り出した人物である。そのテキストによるとこの人物は老人である。

> クリスマスの夕べがやってきた。すべての家から祭りを祝うロウソクの灯が輝いている、楽しそうな子供の歓声が雪の積った通りに響いてくる。雪の中を老人が一人歩いている。私のために玄関の戸を開けてくれないかな、私が飾りつけた贈り物のツリーを受けとってくれる人はいないかな、と扉の方に目をやっ

▲モーリッツ・フォン・シュヴィント「冬おじさん」(1848年刊の絵草紙より)

Fliegende Blätter

4. Bestellungen werden in allen Buch- und Kunsthandlungen, so wie von allen Postämtern und Zeitungsexpeditionen angenommen.

Nro. 124.

Erscheinen wöchentlich ein Mal. Subscriptionspreis für den Band von 24 Nummern 3 fl. 36 kr. R.-W. od. 2 Rthlr. Einzelne Nummern kosten 12 kr. R.-W. od. 3 ggr.

VI. Band.

Herr Winter.

Eine Zeitgeschichte von Hermann Rollett.

1.

Wer muß denn nur gezogen sein
Heut Nacht in unser Land herein?

Es funkelt und glänzt ja ringsumher,
Als ob ein König gekommen wär'!?

Ein jedes Fenster voll Blumen steht
Die Wege sind blüthenübersät,

Und jeder Halm und jedes Blatt
Ein Kleid von hellem Silber hat! —

Doch seh ich recht, so ist es fast
Als wär's ein unwillkommner Gast.

Nicht Einer fragt, wer kommen sei,
Man geht an all der Pracht vorbei,

Und Niemand weiß, wer über Nacht
Den reichen Glanz und Schmuck gebracht. —

Doch, horch! was rührt sich dort am Bach?
Das ist ein Klirren, ein Gekrach,

Das ist ein Trippeln und ein Gefeg',
Als ob das Bächlein im Kampfe läg! —

O seht das M
Mit warmer H

Mit weißem B
Die Stirne ges

O seht nur, n
Und wie es

Und wie es
Mit kaltem

Du also, Mä
Du bist der G

Auf unfreiwilli
Mit seinem Ge

O lieber Herr
Daß du dir se

▲モーリッツ・フォン・シュヴィント
「冬おじさん」
前頁のものの翌年、1849年刊の絵草紙より
▶アウグスト・クレーリンク
「冬おじさんと子供たち」、1849年

ている。[29]

長い白髭をたくわえて、ゆったりとしたオーバーを身につけ、頭にはヒイラギの冠を戴いた老人が、ロウソクの灯のついた小さい縦の木を肩にかついで通りを歩いている、そんな姿が絵本に描かれている。一八四八年にはアウグスト・クレーリンクがこの人物を模写して、老人にプレゼントの一杯つまった籠をもたせた。[30] このようにして子供の待ち焦がれる「ヴァイナハツマン」像ができあがったのである。

❖奉公人への贈り物

クリスマスに贈物を受けとったのは子供だけではない。雇主は使用人に贈物をする義務があった。五十一項目に及ぶさまざまな奉公人規定によって、奉公人の労働義務は一年間を通じて厳密に管理されていた。その代わり奉公人は一種の家族共同体員として認められ、家族の行事に参加する権利があった。クリスマスになると奉公人には祝い金、靴一足、シャツとズボンあるいは服地、エプロン等が贈り物としてロウソクの輝きの下で与えられた。しかしこの品物は驚き喜んで受けとるプレゼントというものでもない。むしろクリスマスになって与えられる現物支給品の色合いが強いのである。

(29) Weber-Kellermann, Die Familie, S.305.
(30) Colditz, S.360.
(31) 蛇足ながら節のはじめ(二四一頁)でふれた、現代の「サンタクロース」との関わりについて一言補っておくと、このようにして醸成された人物像が、アムステルダム(聖ニコラウスを守護聖人とする)経由で北米に輸出される過程で、この聖人の名に再び重ねられ、「シント・ニクラース」から「サンタクロース」となった、というわけである。

❖贈り物を渡すタイミング

子供たちへの贈り物の時期と方法は必ずしも一定ではない。地域的にみても歴史的にみてもさまざまである。多くの地方では二十五日の朝になって渡された。オーストリアの子供たちは、二十五日の朝、窓枠の上におかれた靴の中に贈り物をみいだし、フランスの子供は帝制時代には一月一日に、後になって二十五日の朝、暖炉の前で待ち焦れた品物をみつけた。ポンメルンやメクレンブルク地方では何重にも包みこまれた荷物が、突然、窓の外から部屋の中に投げ込まれた。このプレゼントの方法は「ユールクラップ」(Julklapp)といわれ、スウェーデンの風習がドイツに伝わったものである。これは「激しくぶつかるユール祭の包み」というほどの意味で、一六四八年から一八一五年まで、フォアポンメルンがスウェーデン領になっていた時期に、北ドイツの風習として定着したのである。

❖クリスマス市

子供たちへの贈り物や奉公人への支給品は、クリスマスの季節に町の広場に設けられるクリスマス市で買い求められる。この市場は、十六世紀以降それまでの十二月六日を中心に存在していたニコラウス市場が、クリスマス市(Weihnachtsmarkt)、あるいはクリストキントル市(Christkindlmarkt)などと名称が変わり、時期もクリスマスの方にずれたものである。シュトラスブルクで

(32) Handwörterbuch des dt. Aberglaubens, S.922.
(33) Weber-Kellermann, Die Familie, S.320.

は一五七〇年に、ニコラウス市場がクリスマス市と名称を変えている。(32) 現在もクリストキントル市やクリスマス市はドイツの各都市でみられる。クリスマス市の成立とともに、大通りをクリスマス前に美しく飾りつける風習、たとえば樅の枝を巻いた葉飾りをガラス玉の星、白くて大きな鐘で飾る風習も次第に生じてきた。
一八五二年の冬をベルリンですごしたゴットフリート・ケラー(一八一九—一八九〇)は、ベルリンのクリスマス市を詩の中で描いている。(33)

ベルリン・クリスマス市場(一八五二年)

灰色のお城のまわりに
楽しい森が生まれていた
根が切り離されて
持ち運べる緑の樅の木の森が
暖かい日の光に代わって
金箔の紙が梢を透けて輝いている

▲ベルリンの「クリスマス市」 J.D.シューベルト画、1796年

ここではお菓子、あそこでは焼き腸詰の店
お店の煙は梢の方にたなびいてゆく

森は楽しさにあふれ
人は森へと押しかける
若木を植えたことのない人だけが
木を切り倒し楽しむのだ

ある人はささやかなお菓子を
買い求める、贈り物にするために
ある人は枝ぶりの良い木を選び取る
クルミをその木に吊るすため

あそこではきつい口調で女の人が
曲がった若木を値切っている
銀貨一枚でツリーに吊るす果物を
買い求めるつもりなのだ
……
そして夜ともなれば森は歌い

▲ベルリンの「クリスマス市」 P. ハウプトマン画、1930 年頃

ガス灯の明かりの中で揺れている
子連れの貧しい母親は不安げに
魔法の森を急ぎゆく
……

ツリーを買い求め、暖かい部屋に飾る贈り物を算段できる人は幸せである。乏しい財布を気にしつつ市で贈り物を求める人々の姿を、ケラーは同情を寄せて描いている。同じ年、テオドール・シュトルム（一八一七―一八八八）も、クリスマス市に働く貧しい子供を眺めている。[34] ロウソクの光の中で贈り物を期待にみちて開く子供と、粗末な玩具を売って生計の足しにする子供との落差は大きい。

クリスマスの前夜（一八五二年）

家においてきた子供のことを
思い出しては憂いに沈み見知らぬ町を私は通ってゆく
ああもうクリスマス　どこの通りでも
子供の歓声や　市のざわめきで賑やかだ

（34）引用は藤原定訳による（『世界名詩集大成6／ドイツ篇Ⅰ』、平凡社、一九六〇年、四一五頁）。

人波に押されてすすむ私の耳に
嗄れた声が呼びかけてくる
「買って下さい　旦那さま」小さなやせた手に
貧弱な玩具をもってさし出している

驚いてみやる角灯の灯に
蒼ざめた顔の子供がひとり
歳はどんなか男か女か
行きずりに見分けもつかぬ

石段の上にその子は掛けていて
やっきになって叫んでいたのだ「買って下さい旦那さま」
ひっきりなしにその声が今でも私に聞えてくるよう
けれども誰もその声に耳をかそうとしていない

❖発展の光と影

クリスマスの準備に賑わう市場、明るく輝く広間の樅の木の香り、白布をかけたテーブルの上の程よく積まれた贈り物、これらは健全で幸せな家庭のイメージをかきたててくれる。しかしながらクリスマス・ツリーの下で楽しく華やかな集いを持つことのできたのは、すべての階層の人とはいえない。凍てついた冬空の下のクリスマス市場で粗末な品物を売りながら働いていた子供もまた多数みられたのである。クリスマスを楽しくすごせた人たちは中産階級より上の階層に限られる。市民の豊かな経済生活の中においてはじめて贈り物を交し、キリストの誕生を盛大に祝うことができたのである。

クリスマス・ツリーの発展の場合と同じように、クリスマスの贈り物の風習が充実をみせたのは、産業革命以後の経済力を備えた市民の登場が前提となる。工業社会の成立とともに生れた中流階級の家庭は、父親を中心とする核家族となり、母親はもはや家内手工業に加わる必要もなくなった。母親にとって家庭は子供の養育と家事に専念できる場となってゆき、子供は遊ぶための空間、子供部屋を独立して持つことを許される。母親はまた子供を絵本や玩具で教育してゆく金銭的、時間的余裕をもってきた。両親はクリスマスに玩具や絵本を贈り、家庭の

◀ニュルンベルクの「クリストキントル市」

平和と教育の手段を同時に得ることができたのである。

十九世紀に入ると、ドイツの工業生産力の増大と共に玩具の種類とその生産量も増大している。(35) 生活必需品とは決していえない玩具の需要の増大は、中産階級家庭の増大によってはじめて可能となったのである。

(35) 一七九五年に最初の玩具カタログが印刷され、一八六八年にはエルツゲビルゲの五〇の村がすべて玩具を製作した。Weber-Kellermann, Die Weihnachtsfest S.156.

主要参考文献

Bächtold-Stäubli, H. (hrsg.) : Handwörterbuch des deutschen Aberglaubens. 10 Bde. Berlin 1927–42.

Beitl, Richard : Wörterbuch der deutschen Volkskunde. 3. Aufl., Neubearbeitet von R. Beitl. Stuttgart 1974.

Andree, Richard : Braunschweiger Volkskunde. Braunschweig 1901.

Brunner, Karl : Ostdeutsche Volkskunde. Leipzig 1925.

Clemen, Carl : Deutsche Volksglaube und Volksbräuche. Bielefeld und Leipzig 1921.

Colditz, Siegfried : Die Weihnachtsfest in Geschichte, Brauchtum und Sprache. in : Muttersprache 76 Jg.1966. S.353–364.

Curti, Nother : Volksbrauch und Volksfrömmigkeit im katholischen Kirchenjahr. Basel 1947.

Fehrle, Eugen : Deutsche Feste und Volksbräuche. 3. Aufl., Leipzig und Berlin 1920.

Haider, Friedrich : Tiroler Volksbrauch im Jahreslauf. Innsbruck 1968.

Hain, Mathilde : Sitte und Brauch in volkskundlicher Forschung. Ein Literaturbericht (etwa 1920–1941) in : DVjs. Bd.20, 1942, S.1–78.

Kapfhammer, Günther : Brauchtum in den Alpenländern. München 1977.

Kehrein, Balentin : Die zwölf Monate des Jahres im Lichte der Kulturgeschichte. Paderborn 1904.

Kriss, R. : Sitte und Brauch im Berchtesgadener Land. München 1947.

Lüpkes, W. : Ostfriesische Volkskunde. Emden 1907.

Rehm, Herm. S. : Deutsche Volksfeste und Volkssitten. Leipzig 1908.

Reichhardt, Rudolf : Die deutschen Feste im Sitte und Brauch. 3. Aufl., Jena 1911.

Sartori, Paul : Sitte und Brauch. Leipzig 1910.

Schmidt, Leopold : Volksglaube und Volksbrauch. Berlin 1966.

Tille, Alexander : Die Geschichte der deutschen Weihnacht. Leipzig 1893.

Usener, Hermann : Das Weihnachtsfest. Bonn 1969.
Weber-Kellermann, Ingeborg : Deutsche Volkskunde zwischen Germanistik und Sozialwissenschaften. Stuttgart 1969.
Weber-Kellermann, Ingeborg : Die Familie. Frankfurt/M 1977.
Weber-Kellermann, Ingeborg : Das Weihnachtsfest. Luzern und Frankfurt/M 1978.
Wrede, Adam : Eifeler Volkskunde. Bonn 1922.
Wuttke, Adolf : Der deutsche Volkskunde der Gegenwart. Leipzig 1925.

W・ディーナー『ドイツ民俗学入門』川端豊彦訳、弘文堂、一九六九年
J・G・フレイザー『金枝篇』全五巻、永橋卓介訳、岩波文庫、一九六七年
H・レーマン『ドイツの民俗』川端豊彦訳、岩崎美術社、一九七〇年
谷口幸男・遠藤紀勝『仮面と祝祭―ヨーロッパの祭にみる死と再生』三省堂、一九八二年
遠藤紀勝『仮面―ヨーロッパの祭と年中行事』現代教養文庫、一九八九年
遠藤紀勝・大塚光子『クリスマス小事典』現代教養文庫、一九九〇年
谷口幸男・福嶋正純・福居和彦『ヨーロッパの森から―ドイツ民俗誌』日本放送出版協会、一九八一年
谷口幸男・福嶋正純・福居和彦『図説・民俗学小辞典』同学社、一九八五年
福嶋正純・遠藤紀勝「魔物たちの夜―聖ニコラウス祭の習俗」、『季刊民族学』第五一号、六―二三頁、一九九〇年
福嶋正純・福居和彦「クリスマスの習俗Ⅱ―クリスマスの民間俗信」、広島大学総合科学部紀要「地域文化研究」第九号、八七―一〇三頁、一九八三年
福嶋正純・福居和彦「クリスマスの習俗Ⅲ―「十二夜」を中心として」、広島大学総合科学部紀要「地域文化研究」第一〇号、七一―八三頁、一九八四年
『典礼暦年に関する一般原則および一般ローマ暦』カトリック中央協議会、二〇〇四年

初出一覧

福嶋正純・福居和彦「ドイツの年中行事Ⅰ―Ⅳ」広島大学総合科学部紀要「地域文化研究」第三―六号、一九七八―八二年

福嶋正純・福居和彦「クリスマスの習俗Ⅰ」広島大学総合科学部紀要「地域文化研究」第七号、一九八三年

あとがき

私たちがヨーロッパと聞けば、高度に発達した文明社会を想像しがちで、とりわけドイツと言えばアウトバーンが国内に縦横に伸び、その上を高速で疾走する高級車や化学薬品、精密機械を製造する近代工業国の姿をまず思い浮かべてしまう。それは確かにドイツを表す特徴の一面ではあるが、ひとたび民衆の生活に立ち入ってみると、そこには伝統を守り、信仰に基づく古くからの生活慣習に従って生きる人々の姿が折々の機会に窺われるのである。

初めて留学したときのことを思い起こせば、友人の自動車には、交通安全のお守りとして幼児キリストを肩に担いで川を渡った、という伝説のある十四救難聖人の一人、聖クリストフォロスの像を刻んだメタルが取り付けられていたし、下宿の小母さんは、ご主人が病院で大手術を受けたとき、空のベッドの枕元に、「聖燭節」にお清めを受けたロウソクを灯して無事を祈っていた。

また黒いマリア像で有名なバイエルンの巡礼地アルトエッティングを訪れたとき、教会堂を中年の女性が重い十字架を抱いて回っているのを見かけ、感動すると同時に、それは日本人のお百度を踏む姿と重なる心根と知ることができた。さらに私たち夫婦が、スイスの友人を訪ねてドイツの大学都市ミュンスターから自動車で出かけるとき、スコットランド出身の女性講師が中指をまげて人差し指に重ね、手のひらをこちらに向けて二、三度振ってくれた。私たちにはその意味するところが分からなかったが、後で聞くとそれは十字を切って、旅の無事を祈ってくれたのであった。このようにヨーロッパの生活を経験してみると、人々の日常はキリスト教に裏打ちされた様々な習慣、風習に彩られていることが強く実感されたのであった。

もう四十年ぐらい前のこと、このような民衆の心性を探る試みとして、私と、福居和彦氏、それに広島大学文学部ドイツ文学科谷口幸男教授の三人で研究会を立ち上げた。谷口教授は主に、人間の誕生、結婚、死の民俗を研究し、その成果を文学部紀要に発表された。私たち二人はドイツ、とりわけカトリック信仰の土地に伝わる一年の様々な祭りや、年中行事を調査、研究し、そのため福居氏はフライブルク大学、福嶋はジーゲン大学にそれぞれ半年間研究滞在した。

その結実を福嶋、福居は、主としてドイツ近現代に生きる庶民の家庭生活に絞って、広島大学総合科学部紀要に何年にもわたって発表したが、このたび八坂書房からそれらを纏めて本の形にしてはとお誘いを受けた。すでに論文発表から三〇年以上も経っているので、いささかのためらいはあるものの、

▶十字架を抱いて
教会の周囲をまわる女性
アルトエッティング
1986年

教会暦をなぞるだけではなかなか実感しにくい、ドイツに生きる庶民の心、人々が肌で感じとる十二か月の季節感を知るための礎となれば、と申し出をお受けした次第である。

刊行にあたっては幾つかの項目について加筆し、さらには新規に項目を起こす必要もあったが、こうした作業には八坂書房、とりわけ編集者八尾睦己氏の多大な協力、助言を得た。福居氏はすでに逝き、図版の選択、註など、八尾氏の力ぞえがなければ、到底出版の運びにはならなかった。氏の協力に心底からお礼を申し上げたい。

二〇一六年八月

福嶋正純

索 引

★印はその頁に関連図版があることを示す。

【ア】
悪夢　78, 107
悪霊　54, 97, 98, 199, 200, 208, 209
　——の徘徊　199, 208
アタナシウス　225
アダム, アルブレヒト　229
熱い石　46
アドヴェント・クランツ　174★
『阿呆船』　196, 228
『阿呆物語』　167
亜麻　18, 46, 55, 76, 129, 194
雨　61, 76, 125, 134, 201
荒くれ男　36★, 37
アルニカ　132, 137
アルバート公　235
アンデレ（アンドレアス, 聖）　176, 177
(聖)アンデレ祭　174, 176-178, 228
イシス　223
泉　45, 71, 105, 116, 127, 128, 130, 131
泉飾り　116, 130
泉祭り　116★
イチイ　62, 228
井戸　71, 130, 131
糸紡ぎ　24
糸巻き棒　26, 194
犬　172, 178
慰霊週間　160
祝火　88, 126, 153, 170
　——の跳び越し　128, 129★, 130
インヴォカビト（火花の日曜日）　48, 51-55
インノケンティウス 12 世　191, 226
ヴァイナハツマン　241, 243★, 245★, 246★, 247
ヴァウエル夫人　200
ヴァルブルガ（ハイデンハイムの, 聖）　97, 98★
ヴィクトリア女王　235
ヴェーバー゠ケラーマン, I.　231
ヴォーダン　172, 192
ヴォルケンシュタイン（ヴィンタの）　242
ウサギ　57, 79★, 173
牛　22, 24, 49, 50, 58, 78, 112, 113
雨呪　147
馬　24, 89
占い　19, 23, 46, 107, 134, 167, 176-179, 191, 194, 201, 202, 205
ウルバヌス 4 世　119
枝の主日　60, 62-67
エピファニア（→三王来朝の祝日）　206, 222
エンドウ豆　35, 72, 198
エンドウ豆熊　37★
円盤　52, 54
円盤投げ　52, 53★, 54★, 55
円盤の日曜日（→インヴォカビト）　51
お祈り棒　159
大いなる週（→受難週）　60
狼　200
大喰い月曜日　35
大焚火　126, 128
大晦日　202-204
御潔めの祝日（→マリア聖燭節）　17, 29
オクトーバーフェスト　164
贈り物　37, 49, 184, 186, 197, 241-251,
桶刺し　112★
幼な児の日（幼子殉教者の祝日）　201, 202, 231
オトギリソウ（属の一種）　132, 136
鬼火　76
おねだり歩き（ねだり歩き）　114, 171, 212
おねだり行列　187, 201, 202
オプス　224
お水取り（復活祭の）　89
オランダセリ　70
オランダミツバ　70
オレンジ　67
雄鶏　101, 194
女の三十日（マリアの三十日）　136
女のファスナハト　33

【カ】
害鳥払い　22
ガイラー・フォン・カイザースベルク　196, 230
カエル　32, 57, 115
飾り牛　112, 113★
樫（オーク）　129, 133, 135, 170
火事　132
火酒　42, 44, 46, 147, 157
カスパル（三王）　211
家畜　32, 46, 75, 89, 96, 124, 130, 131, 132, 134, 167, 170, 198, 209, 211
　——の追い出し　64, 105

家畜小屋　89, 99, 106, 137, 170
ガチョウ　152, 153, 168, 171, 172, 173
　——の丸焼き　172
悲しみの週（→受難週）　60
カーニバル　→ファスナハト／カルネヴァル
鐘（の音）　12, 13, 52, 54, 61, 68, 71, 77, 84, 87, 145, 160, 161, 162, 203, 209
カブ　171
鎌（大鎌／小鎌）　101, 145-147
かまど　107, 129, 138, 195
カミツレ　132
仮面　38, 41
ガラガラ　61, 68, 69★, 70★
　——騒ぎ　69
カラス　172
カルネヴァル（→ファスナハト）　33, 46, 47★
玩具　242, 253, 254
眼病　90, 130
祈願週間　108
キヅタ　36, 56
　——の冠　23
狐　200
木の精（→木精）　76
木登り　156
キビ　35, 198
キャベツ　198
九柱戯　111
旧年の追い出し　203
救難聖人　→十四救難聖人
キュフホイザー山　192
ギョウジャニンニク　106
行列　104, 108, 113, 114, 119, 123, 124, 160, 202
炬火　126, 128
キリスト降誕の模型（→クリッペ）　217
キリスト昇天祭　96, 106-108★, 109
キリストの木　195
キリストの誕生日　220-226
キリストの荷物　242
キルメス（教会堂開基祭）　154, 156★, 157★
鎖　19, 187
クッキー　23, 35, 49, 50, 72, 198
苦難週（→受難週）　13, 60
苦難のパン　75
グノーシス派　222
熊手　42, 101
クリストキンデル　235
クリストキント　186, 241, 243★, 244★, 245
クリストキントル市（→クリスマス市）248, 249, 253★
クリスマス　174, 175, 190-198, 206, 220, 227, 228, 229, 235
クリスマス市　238, 248, 249★, 250★, 254
クリスマス・ツリー　88, 195-197, 206, 219, 227-240
クリスマス・プレゼント　241-254
クリスマス・マーケット（→クリスマス市）248-254
クリスマス料理　197, 198
クリッペ（キリスト降誕の模型）　175★, 221★
グリンメルスハウゼン　167
クルミ　38, 45, 171, 184, 230, 232, 242
『くるみ割り人形とねずみの王様』　236
グレゴリウス４世　158
クレーリンク, アウグスト　247
黒い主日（→レターレ）　59
クローバー（四つ葉の）　124
クワガタソウ　132
ゲオルク（ゲオルギウス, 聖）　28★, 31★, 32
（聖）ゲオルク祭　31-32★
「ゲオルクの枝」　31
ケシ　76
夏至（祭）　96, 126, 127
ゲーテ, ヨハン・ヴォルフガング・フォン　11, 83, 98, 176, 212, 235
ケラー, ゴットフリート　249, 251
ゲルトルート（ニヴェルの, 聖）　24★, 26★
（聖）ゲルトルート祭　24-26
堅信礼　67
剣舞　42, 43, 44
恋占い　176-179
仔牛　33, 35, 45
降誕祭（→クリスマス）　83, 190
耕地（めぐり）　94, 96, 105, 108, 109★, 123, 126
コウノトリ　21
子脅し　180, 182★, 183, 186
五月小僧　103
五月祭　96-105★, 110, 113, 116
五月女王　103
五月女王選び　104
五月柱　96★, 100★, 101★, 103, 105★, 111, 115, 129, 150, 156
五月の王　103
五月の花嫁　103, 108
五月バター　105
穀物目覚まし　55
穀物霊　146, 148, 149
苔　36, 37
ご公現の祝日（→三王来朝の祝日）190, 191, 206, 222

子供司祭　202
コーパス・クリスティ（→聖体祭）　119
小屋火の日（→インヴォカビト）　51
ゴル夫人　200
コンスタンティヌス大帝　168, 223, 225

【サ】

最後の麦束　148, 149, 150, 152
最初の麦束　35, 146, 147
魚　35, 50, 72, 198, 203
桜　228, 229, 230
サトゥルナリア祭　224
サトゥルヌス　224
騒ぎ棒　54★
三王来朝の祝日　33, 52, 77, 153, 206-213, 233
産業革命　253
懺悔火曜日　33, 42
懺悔服　68
サンタクロース　241, 247
産婦　18, 31
三博士　→三王
三位一体祭　119
塩　78, 162, 201, 209
敷居　92
死者の魂　159-163
四旬節　33, 48-80, 92, 173
シダ　193
歯痛　71
死神　37, 58, 59
死の主日（→レターレ）　59
芝居　37, 44, 116, 211
屍板　78, 80★, 163★
四福音書祭壇　120, 121★
霜　46, 75
ジャガイモ　171
射撃（大会）　31, 111, 208
謝肉祭（→ファスナハト）　33
ジャラジャラ鳴らし（ヨゼフの）　27
車輪　126, 127, 128
車輪落とし（火車）　55★, 127
十分の一税　169
シュヴィント, モーリッツ・フォン　245
収穫冠　145★, 148
収穫祭　141
収穫の雄鶏　150
収穫の日のしきたり　145, 146
宗教改革　29, 168, 202, 226, 232, 242
十二夜　199-205, 229, 230
　——ほうき　200
十四救難聖人　28★, 30
祝辞（新年の）　204, 205
シュティフター, アーダルベルト　13
シュテルンジンガー　211, 212★, 213★
シュトルム, テオドール　251
受難週　13, 48, 60-80, 86
主の昇天日（→キリスト昇天祭）　106
主の奉献の祝日（→マリア聖燭節）　17
棕櫚　48, 62
棕櫚の木　49★, 63★, 64, 65
棕櫚の主日（→枝の主日）　60
棕櫚の束（花束）　62, 137
「棕櫚のロバ」の行列　64, 65★, 66★
春分（の日）　96
職人組合　44
白樺　99, 100, 110, 120, 124, 170, 232
ジルヴェスター（→大晦日）　202-204
シルウェステル（教皇）　202
城火の日（→インヴォカビト）　51
新年　190, 203★, 204, 205
　——の祝辞　204
スイバ　70
水浴　130
姿パン　162★
鋤　101
犂　36, 76, 152
犂祭　35, 36
煤の金曜日　33
ストラッテリ（魔女）　209
ストルーデリ（魔女）　209
スミレ　57
スモモ　38
スリッパ占い　178★
聖金曜日　60, 69, 72-76
静寂の週（→受難週）　60, 86
聖書占い　202
聖燭節（→マリア聖燭節）　17-20
聖体行列　119, 121★, 122★
聖体顕示台　119
聖体祭　119-125
聖土曜日　60, 69, 77-80, 86, 91
聖餅　195, 227
聖墓　75, 80
聖母運び　188★
聖母被昇天（→マリア昇天祭）　29, 136
生命の樹　232
セイヨウミザクラ　229
聖霊　110, 116
聖霊降臨祭　13, 78, 83, 96, 110, 111★-116

聖霊降臨祭小僧　113
聖霊つかまえ　116
洗足木曜日　60, 68-71, 86
洗濯　194, 200
洗礼　78, 80, 190, 222, 223★, 224
騒音行列　187, 208, 209
霜害　75
ソーセージ　18, 41, 42, 156, 170, 189, 198
ソル・インウィクトゥス　222, 223

【タ】

待降節　174-189, 191
太陽　17, 19, 83, 192, 219, 225
太陽神　126, 190, 223, 225
薪　51, 52, 77, 87, 88, 89, 162, 171
ダッテルボイムヘン　232
種まき　71, 72, 153
卵　41, 42, 50, 56, 57, 58, 61, 70, 71, 75, 91-94, 99, 111, 136, 170, 198
卵遊び（復活祭の）　92, 93
タマネギ　72, 201
樽　88, 111
断食　33, 50, 71
断食の布　74★, 75
ダンス　18, 42, 44, 104, 112,129, 140, 149, 150, 154, 155★, 156
チーズ　228
蝶　57
提灯行列（マルチン祭の）　171
チリメンキャベツ　198
沈鐘　76
ツゲ　196, 228, 235
燕　29
燕石　30
ツーフェルワイプ　209
紡錘　26
紡ぎ仕事　153, 200
つらら　46
デア・アルテ（穀物霊）　148
ディオニュソス　224
手品師　46
鉄砲　37, 98, 194★, 195, 200
デーモン　94, 187, 183, 186
天気占い／天候占い　107, 125, 134, 167, 172
天候祈願　123
灯火祭（聖ミカエル祭の）　152
道化（ファスナハトの）　41
道化師　46
冬至（祭）　83, 192, 193, 225
屠殺業者　45
——の「卒業式」　45★
ドナル（雷神）　106, 107, 187
トネリコ　119
跳び越し（祝火の）　128, 129, 130
(聖) トマス祭　174, 179, 199
(聖) ドミニク祭　145
トリカブト　137
鳥パン　109
どんどんのロバ　188
どんどん夜　175, 187, 188, 189★

【ナ】

ナイフ　162
苗植え　75
夏の王　36
夏棒　56
夏迎えの日（レターレ）　56★-58★
ナツメ　232
鉛占い　176, 177★, 202
鳴子　61
ニガヨモギ　130, 132, 137
ニコラウス（ミュラの, 聖）180★, 181★, 183, 184★, 185★, 233, 235, 241★-243
ニコラウスの訪問　183, 184, 186
ニコラウス市場　248, 249
(聖) ニコラウス祭　173, 174, 180-189
ニシン　173
ニッケル　186
ニワトコ　132
人形　52, 57, 58, 59, 156, 157
杜松（ネズ）　62, 228, 231
ネズミ　19, 22, 24, 26, 35, 147, 200
ねだり歩き　→おねだり歩き
練り歩き　119, 123

【ハ】

灰　48, 49, 89
灰の水曜日　33, 48-50
(聖) パウロの回心の祝日　212
ハクサンチドリ　132
白鳥　172
白馬の騎士　38
白墨　209, 211
ハシバミ　31, 54, 57, 78, 234
馬車　101
柱（聖霊降臨祭の）　111
柱たたき　21-22
パセリ　70

発砲（→鉄砲）　115, 194★
初雪　167
鳩　116
花冠（→花環）　123
花束　120, 124, 147
鼻血　124
ハナハッカ　137
花環　78, 87, 106, 112, 116, 150, 156, 202
薔薇　192, 195, 227
薔薇の月曜日　33
薔薇の主日（レターレ）　56
バルタザル（三王）　211
(聖) バルトロメウス祭　140
春の呼び起こし　22
(聖) バルバラ祭　174, 179★, 228
バルバラの枝　179★, 196
春棒　57
パン　35, 49, 75, 78, 80, 198, 202
ハンス小僧　38★, 41
万聖節　158, 159
ハンノキ　119
パン施し（聖土曜日）　80
万霊節　160-163
ヒイラギ（セイヨウヒイラギ）　31, 62, 228, 229
ヒエンソウ　130, 137
ビーケン（火祭）　23★
ヒゴタイ　137
引越日　20, 169
羊飼い　45, 46, 140, 158, 220
羊飼い競走　140, 141★
羊飼いの杖（ファスナハトの）　45
ヒッポリュトス　223
火柱（インヴォカビトの）　51★
火花の日曜日（→インヴォカビト）　51
ヒバリ　17
皮膚病　138
火祭（ビーケン）　23★
ビール　42, 44, 157
ビルヴィス（穀物畑の精）　32
ビロードモウズイカ　137
『ファウスト』　11, 83, 98, 176
ファストナハト（→ファスナハト）　33
ファスナハト（カルネヴァル, 謝肉祭）　33-47
ファスネット（→ファスナハト）　33
ファッシング（→ファスナハト）　33, 46
復活祭　11-14, 18, 57, 60, 61, 71, 78, 80, 83-96, 106, 110
　――の火　77, 87
太った火曜日（→懺悔火曜日）　33
ブナ　62, 64, 87
冬と夏の争い　36, 56, 57★
冬の王　36
冬迎え　167
(聖) ブラシウス祭　173
ブラント, ゼバスティアン　196, 228
フリードリヒ1世　229
フレイザー, J. G.　128, 147
ブレーツェル　50★, 56, 57, 232
ブロッケン山　99
プロテスタント　67, 94, 242, 245
ベーダ・ヴェネラビリス　225
ペテロ（ペトロ, 聖）　21-23
(聖) ペテロ祭　21-23
ペテロの椅子祝い（→ペテロ祭）　21
ペトラルカ　130
蛇　19, 21, 22, 31, 32
ヘリオガバルス　222
ベルヒト（ペルヒト）　208★, 209★
ペンテコステ（→聖霊降臨祭）　110
ほうき（箒）　88, 99, 129, 184, 200
奉公人　19, 61, 169, 247
ホウレンソウ　70
牧人祭　134
穂花（柳の）　64
ホフマン, E. T. A.　236
ホレ（婆さん）　148, 192, 194
ぼろ助　38

【マ】

マイターク（→五月祭）　96
マイバウム（→五月柱）　100
魔王　199★, 200
曲った水曜日（枝の主日の3日後）　60
巻パン　147
馬鍬　99, 101
魔女　18, 32, 41, 52, 64, 97, 98, 99, 130, 153, 188
魔女焼き（インヴォカビトの）　51
マツユキソウ　21★
豆　31, 187, 206
豆がら　37, 157
豆の王様　206
魔除け　124
マリア　21, 158, 188
マリア昇天祭　136-138, 209
マリア聖燭節　17★, 18★, 19★, 20★, 212
マリア誕生日　136
マリアの三十日　→女の三十日
マリアへのお告げ（受胎告知日）　29-30

(聖) マルガレーテ祭　145
マルチン（マルティヌス，トゥールの大司教）
167★, 168★, 172, 173
(聖) マルチン祭　32, 36, 153, 167, 168, 169★-173
(聖) マルチンの袋　171
マルディグラ（→懺悔火曜日）　33
マン, トーマス　217
マンネンロウ　67, 120, 193, 196, 231
マンハルト, W.　231
満腹夜　197
ミカエル（大天使）　26, 152, 153★
(聖) ミカエル祭　152, 153
水浴び　32
水汲み　71, 90
水鳥（仮装）　114★, 115★
蜜蜂　17, 24
ミトラス　190, 224, 225
緑の人　68
緑の木曜日（→洗足木曜日）　68
ミルテ　67
麦藁（→藁）　194, 203
鞭　38, 49, 91, 98, 115, 183, 184
鞭鳴らし　115, 208
メイポール（→五月柱）　100
メーデー（→五月祭）　96
メルキオル（三王）　211
モウズイカ　137, 138
木精の妖婆　50
モグラ　21, 22
樅　57, 62, 64, 67, 99, 100, 120, 124, 195, 217, 219,
220, 228, 231, 232, 238

【ヤ】

薬草　70, 99, 106, 107, 132, 136-138, 209
薬草の束（マリア昇天祭の）　136, 137★
ヤグルマギク　124
ヤコブ（大）　134
(聖) ヤコブ祭　134-135, 145
雇人　49, 134, 169, 204
ヤドリギ　229
柳　62, 64
ヤヌス　230
屋根　71
雪　19, 50
ユダのパン　70
ユダの火（聖土曜日）　78
ユダ焼き（聖土曜日）　78★
指輪　202
夢（占い）　177, 201
ユールクラップ　248
葉環　101, 103, 111, 112, 120
腰痛　130
ヨゼフ (聖)　27★, 188
(聖) ヨゼフ祭　27
ヨハネ (洗礼者, 聖)　126
(聖) ヨハネ祭　126-133
ヨハネス 14 世　160
ヨハネ草　131, 132
ヨハネの火（祝火）　127-130, 132
喜びの主日（レターレ）　48, 56-59

【ラ】

雷雨　18, 52, 64, 107
ラウファー, O.　230
落雷　71, 87, 106, 107, 132, 137, 195, 209
リーゼロッテ・フォン・デア・プファルツ　234
リベリウス（教皇）　225
龍退治　31
リンゴ　38, 45, 171, 184, 193, 195, 227, 228, 230, 232
ルシフェル　50
ルター, マルチン　168, 233★
(聖) ルチア祭　174
ループレヒト　183★, 186, 242
霊のパン　159
レターレ（→喜びの主日）　56, 58, 59
レープクーヘン　184
煉獄　160, 161
ロウソク　17-20, 62, 77, 87, 123, 124, 129, 217, 219,
234, 235, 236, 239, 247, 251
(聖) ローレンツ祭　32

【ワ】

ワイン　90, 156, 157, 167, 171, 193
若枝　54, 99★, 103, 105★, 110, 114, 124, 131, 169, 170,
179, 186, 204, 228, 229, 230
——飾り　110
——たたき　91, 201, 231, 232
輪刺し　139★, 140★
藁　23, 36, 37, 54, 56, 57, 88, 127, 147, 158, 189
ワラ熊　37
藁束　51, 52, 54, 55
藁人形　29, 58, 104, 149
ワルパー小僧　98
ワルプルギスの夜　96, 97★, 98

図版出典

＊印を付した文献の書誌については「主要参考文献」を参照。

Wilhelm Auer : Heiligen-Legende für Schule und Haus. 3. Aufl. Schrobenhausen c1890.

p. 158, 160, 167

Adolf Bartels : Der Bauer in der deutschen Vergangenheit. 2. Aufl. Jena o. J.

p. 25, 144, 155, 156, 157

Richard Beitl : Deutsche Volkskunde. Berlin 1933.

p.36, 49, 69下, 100, 101, 102, 119, 120, 125, 133, 138, 149, 162, 183, 184, 195, 196, 204, 229

Manfred Becker-Huberti : Feiern–Feste–Jahreszeiten. Freiburg-Basel-Wien 1998.

p. 129, 169, 177, 178, 187, 243

Curti 1947*

p. 63, 70, 73, 76, 212, 213

Martina Eberspächer : Der Weihnachtsmann. Stuttgart 2002.

p. 241, 244, 245, 246

Fehrle 1920*

p. 51, 56, 115, 151

Anke Fischer : Feste und Bräuche in Deutschland. Fränkisch-Crumbach 2004.

p. 53, 61, 79, 105, 109, 208, 209

Haider 1968*

p. 54, 63, 108, 121, 185, 189

Claus und Liselotte Hansmann / Roswitha Schlötter : Das Atlantis Weihnachtsbuch. Zürich 1977.

p. 29, 207, 237, 240, 244

Kapfhammer 1977*

p. 32, 65, 66, 122, 139, 164

Lenz Kriss-Rettenbeck : Bilder und Zeichen religiösen Volksglaubens. München 1971

p. 62, 206

Ernst Krziwanie : Advent, Advent. Döẞel 2010.

p. 172, 233, 238

Wilhelm Peßler (hrsg.) : Handbuch der deutschen Volkskunde. 3 bde. Potsdam o. J. [c1934]

p. 42, 43, 45, 50, 57, 58, 59, 69, 74, 80, 109, 111, 113, 114, 116, 121, 124, 146, 164, 170, 236

Wulf Wager : Schwäbisch-alemannische Fasnet in alten Bildern. Tübingen 2003.

p. 34, 37, 39, 40, 41

Weber-Kellermann 1978*

p. 175, 182, 197, 203, 218, 219, 235, 239, 249, 250, 253

『季刊民族学』51 号、千里文化財団、1990 年

p. 188

O. ヴィマー『図説聖人事典』藤代幸一訳、八坂書房、2011 年

p. 26, 27, 28, 31, 153, 168, 176, 179, 181

[著者略歴]

福嶋 正純（ふくしま・まさずみ）
1933 年生まれ
1962 年広島大学大学院文学研究科博士課程中途退学
1980 年広島大学教授
1995 年広島大学名誉教授
主要著書：
『ヨーロッパの森から』（共著）、日本放送出版協会、1981 年
『図説・ドイツ民俗学小辞典』（共著）、同学社、1985 年
『ヨーロッパ的人間』（共著）、勁草書房、1985 年
『ヨーロッパを語る 13 の書物』（共著）、勁草書房、1989 年

福居 和彦（ふくい・かずひこ）
1935 年生まれ
1962 年広島大学大学院文学研究科博士課程中途退学
1981 年広島大学教授
1992 年死去
主要著書：
『ヨーロッパの森から』（共著）、日本放送出版協会、1981 年
『図説・ドイツ民俗学小辞典』（共著）、同学社、1985 年

図説　ヨーロッパ歳時記
――ドイツの年中行事――

2016年 9月10日　初版第1刷発行

著　者	福　嶋　正　純 福　居　和　彦
発 行 者	八　坂　立　人
印刷・製本	モリモト印刷（株）
発 行 所	（株）八 坂 書 房

〒101-0064　東京都千代田区猿楽町1-4-11
TEL.03-3293-7975　FAX.03-3293-7977
URL.：http://www.yasakashobo.co.jp

ISBN 978-4-89694-224-8

関連書籍のごあんない

中世の時と暦

アルノ・ボルスト著／津山拓也訳
2800円

西欧中世の人びとは、どのような時間を生き、どのように時間をとらえ、また時間を利用するのに、どのような工夫を重ねていたのだろう？　暦の歴史などでも素通りされることが多く、われわれにとってなじみの薄いこの時代の「時」と「暦」の実状を、ドイツ中世史学の泰斗が、鮮やかに、かつわかりやすく説き語る。

中世教皇史

ジェフリー・バラクロウ著／藤崎衛訳
3800円

2000年にわたり、ヴァティカンに積み重ねられた信仰・伝説の闇から、史実のみを明快に切り分け、その実像を鮮やかに描き出した、定評ある通史、待望の邦訳。キリスト教を、ヨーロッパを語るうえで必携の一冊。

表示価格は税別価格です

シリーズ【中世ヨーロッパ万華鏡】

①中世人と権力　―「国家なき時代」のルールと駆引

ゲルト・アルトホフ著／柳井尚子訳　2800円

近代的な「国家」成立以前の中世では、政権運営、戦争、裁判などは、どのようなルールに則り、どのようなプロセスで行われていたのか？　駆け引きの詳細を伝える文書を読み解きながら、「中世的なシステム」の実態に迫る。

②中世の聖と俗　―信仰と日常の交錯する空間

ハンス＝ヴェルナー・ゲッツ著／津山拓也訳　2800円

日常生活の根幹をなす結婚・家族制度と、人びとの想像力のなかに確固たるリアリティをもって存在した「死後の世界」や「悪魔」のイメージとに焦点をあて、キリスト教と世俗文化が互いに影響を与えあう、「中世的な」聖俗の絡み合いの特徴をつぶさに明らかにする。

③名もなき中世人の日常　―娯楽と刑罰のはざまで

エルンスト・シューベルト著／藤代幸一訳　2800円

中世後期の祝祭、賭博場、娼家、刑場などに「名もなき人びと」の足跡をたどり、厳しい生活環境に置かれながらも、都市で、また農村でしたたかに人生を楽しんだ庶民の生活空間を等身大で再現する、新しい日常史の試み。